QUESTIONS DU JOUR

PHILOSOPHIE, RELIGION, HISTOIRE, POLITIQUE

François **BARRIÈRE**

LONS-LE-SAUNIER

IMPRIMERIE ET LITHOGRAPHIE P. GALLARD ET CIE

—

1875

En vente chez M. MARMORAT, libraire

QUESTIONS DU JOUR

QUESTIONS DU JOUR

PHILOSOPHIE, RELIGION, HISTOIRE, POLITIQUE

François BARRIÈRE

LONS-LE-SAUNIER

IMPRIMERIE ET LITHOGRAPHIE P. GALLARD ET CIE

1875

A

MONSIEUR LE DUC DE MOUCHY

SOUVENIR DE BIARRITZ

HOMMAGE DE RESPECT, D'AFFECTION, DE DÉVOUEMENT

François Barrière

INTRODUCTION

A MES AMIS

« Quiconque tient honnêtement une plume
« se doit de détromper le public des opinions
« fallacieuses sur lesquelles il se repose, et de
« le ramener à la notion dū vrai. Qu'il le fasse
« hardiment, sans égard à aucun parti, dans
« la mesure de ses forces et suivant le sujet
« qu'il traite. N'eût-il détruit qu'une erreur, il
« aura rendu service à son pays ; en tout cas,
« il aura accompli son devoir. »

Ainsi s'exprime, mes chers amis, un de nos
premiers publicistes.

Rendre service à son pays! accomplir son devoir!... quels irrésistibles motifs d'émulation! Je n'ai pas hésité. Aurais-je réussi? je n'ose l'espérer; mais du moins suis-je asssuré d'avance que vous tiendrez compte de mes efforts, et cette pensée seule suffit pour me récompenser. Depuis longtemps, je suis, en effet, habitué à votre bienveillance, et, je l'avoue, ce n'est pas sans fierté que je me rappelle souvent et redis parfois la flatteuse confiance dont vous m'avez honoré. Quels souvenirs pour moi, que ceux qui me ramènent à ces heureux temps où, fort de vos sympathiques suffrages, j'avais l'insigne faveur d'être, à Pau, à Castres, à Toulouse, votre interprète auprès de l'administrateur distingué Guillaume d'Auribeau, de l'éminent archevêque d'Albi, Mgr Lyonnet, de l'illustre et si regretté maréchal Niel! J'en omets, vous le savez, de ces hauts personnages dont les encouragements seuls sont un précieux honneur. Heureux jours, où, malgré des dissentiments d'opinions, nous marchions ensemble, unis de cœur et d'âme, pour Dieu, la patrie et l'Empereur. Aujourd'hui, jetant un regard en arrière, pouvons-nous bien nous rendre cette justice d'avoir su conserver à travers les luttes de la vie les respects et les convictions du passé? Pour moi, qui si souvent avais eu l'honneur de traduire vos nobles et justes sentiments, je devais à vous, je me devais à moi-même de les affirmer et de les observer sans cesse : je l'ai fait et le ferai toujours. S'il est une consolation des déceptions, des amertumes, des chagrins de ce monde, c'est bien celle de pouvoir se dire un jour : malgré tout, je suis resté fidèle à mon Dieu, fidèle à ma patrie, fidèle à mon Empereur. Oui, quels doux souvenirs, et comme je dois à votre bonté les meilleurs et les plus beaux moments de ma vie! Aussi n'ai-je oublié aucun de vous, et maintenant que la bataille s'engage sur toute la ligne, ai-je tenu, plein de reconnaissance, à me montrer plein de courage et d'espoir.

J'ai donc pris la plume et me fais un devoir

de vous communiquer le résultat de quelques modestes recherches sur les grandes et difficiles *questions du jour*. J'ai cru ne pouvoir mieux faire pour vous être agréable et utile, et tout le temps je n'ai eu d'autre pensée, d'autre ambition.

Les *questions du jour* sont nombreuses, aussi nombreuses, en vérité, que les étoiles du ciel, que les flots de la mer, que les amis d'un millionnaire. En ce moment, en effet, tout n'est-il pas question, ou si l'on préfère, tout n'est-il pas remis en question? Ce qu'il y a de plus sacré comme de plus profane même, de plus immuable comme de plus indéfini, religion, histoire, politique, tout cela est attaqué, dénaturé et méprisé. Au reste, quoi d'étonnant! on ne croit plus. La foi a disparu, et un souffle violent de scepticisme et d'indifférence a passé sur notre génération. On n'apprend rien, et si par hasard on apprend, la méfiance et l'insensibilité suivent de près. L'énervement des caractères est général, et ceux qui s'affirment nette-

ment, ceux qui ont conservé une foi, une énergie dans cette débandade des principes, ceux-là
passent pour des excentriques ; loin de marcher
à leur suite, on les blâme. Qui pourrait nier cet
état attristant des esprits et des consciences? Et
cependant avec une audace merveilleuse que
de gens appellent notre siècle le grand siècle
des. lumières ! Il faudrait pourtant raisonner,
car comment peut-on parler de grand siècle à
une époque où l'étude est si négligée, le sep-
ticisme si répandu? S'il importe fort peu de re-
chercher la vérité ou si, quand on la possède,
on n'en veut plus, je ne puis, malgré la meilleure volonté du monde, m'expliquer la grandeur de ce siècle. Superbes intelligences, dé-
couvrez-moi ce mystère : affirmer et nier, ne
pas avancer, quelle civilisation, quels progrès !

De là donc cette multiplicité effrayante de
questions, résolues assurément, mais, phénomène étrange, toujours à résoudre. Au milieu
de toutes ces questions, j'ai dû nécessairement
me borner et faire un choix ; je me suis emparé

des principales, je crois, celles surtout qui se distinguaient par un grand intérêt ou une actualité saisissante.

C'est ainsi que, vous les énumérant toutes, j'ai donné la première place aux *Variations et contradictions de la Religion naturelle* : Pouvais-je donc manquer de dire mon mot sur cette religion, de nos jours si vantée, si fêtée. Quel succès ne lui fait-on pas ! Certains individus, sans mandat, ne nous apprennent-ils pas effrontément que la religion dans laquelle nous sommes nés, nous avons été élevés, n'est plus qu'une amère plaisanterie ; leur découverte est plus récente que jamais, et c'est à l'aide de la raison toute pure qu'elle s'est opérée. Par cette raison-là, on sait que tout ce qui avait été article de foi, n'est qu'erreur grossière, accréditée par une crédulité populaire et méprisable. De ces néophytes intéressants, j'en ai pour ma part rencontré quelques-uns, et puisque parfois ils ont bien voulu prendre la peine de me désabuser, par un retour de la même attention, j'ai cru bien faire, moi aussi, de les désabuser et de leur montrer si la simplicité qu'ils nous reprochaient, surtout en fait de religion, n'était pas plutôt force d'esprit, solidité de raison et droiture de cœur. Je m'en suis tenu à l'*existence* et à la *nature* de Dieu, laissant de côté leur *monde le plus parfait*, la *vie future, etc.*, autant de systèmes qu'il eût été aussi facile de démolir.

Ah ! certes, c'est une bien drôle de religion que la *Religion naturelle*, mes chers amis. Etudiez-la, ce sera pour vous un passe-temps fort divertissant ; je ne saurais mieux vous la recommander.

Je passe ensuite en revue le Christianisme et le Catholicisme. On ne jette, vous le savez, des pierres qu'aux arbres qui portent des fruits ; or, le catholicisme est bien un de ces arbres, que l'on voudrait renverser et détruire ; mais l'arbre tient bon, car ses racines sont d'une profondeur incalculable. Je suis loin d'avoir tout dit sur cette haute question ; mais j'ai dû et voulu respecter d'autres convictions aussi respectables sans doute que la mienne.

Je me suis gardé d'oublier l'auguste et vénérable Pie IX, ainsi que son rival acharné, le chancelier d'Allemagne, le grand potentat du jour. Quelle lutte admirable, héroïque, entre ces deux hommes ! entre la faiblesse et la force ! Qui donc, quel qu'il soit, pourrait ne pas s'incliner devant Pie IX, l'*homme d'honneur* par excellence de notre époque ! Ah, il faut que je l'ajoute, mes chers amis, c'est surtout lorsqu'on tient une plume et que l'on veut parler du comte de Bismarck, que se dressent terribles et cruels les malheurs de la patrie. Grand Dieu, ai-je souffert !

Je n'ai fait que poser la question des rapports de l'Eglise et de l'Etat ; mais le peu que j'en ai dit suffira, je l'espère, pour vous donner une idée du plus redoutable et du plus dangereux différend des temps modernes. Je me suis fait aussi un devoir de saluer le Clergé comme il le méritait, et si je me suis permis une observation, je ne l'ai fait, je l'affirme, que guidé par le plus sincère dévouement.

J'ai eu également soin de rendre à notre meilleur ami parmi les souverains de ce monde, l'empereur Alexandre II, les hommages qui ne lui étaient que trop dus. Puisse-t-il nous conserver toujours sa haute et puissante amitié !

Je signale à votre attention toute spéciale le *traité de Paris* de 1815. Lisez et relisez ces pages, ne crains-je pas de vous dire, elles sont des plus instructives et bien faites pour éveiller de cuisants remords et inspirer de mâles résolutions. En 1870, tous, tous en France, avons eu plus ou moins de torts à nous reprocher ; mais pourquoi faut-il donc à mon tour le déclarer, — quel chagrin n'est pas le mien ! — je dois cependant le reconnaître, les plus coupables d'entre nous furent les ministres eux-mêmes ! Les foules peuvent s'égarer, et certes leur égarement est pardonnable quand il a pour source l'amour du pays et la haine de l'étranger ; mais des ministres, des hommes d'Etat qui perdent le sang-froid, s'emportent et déclarent à la légère, *le cœur léger aussi,* la plus épouvantable des guerres, comme s'il se fût agi gaiement d'un délicieux échange de compliments diplomatiques ! Grand Dieu, presque toute la vie c'est à en frémir de rage et de colère ! Ah ministres ! follement étourdis et présomptueux, je comprends que, ennemis et amis ayant retenu votre célèbre *bouton de guêtre,* après les catastrophes nationales, vous l'aient sans pitié jeté à la face ! Méritiez-vous donc... méritiez-vous donc un autre sort !

Infortuné et bien-aimé Empereur, vous seul, oui, vous seul avez su résister, dans le conseil des ministres, à cette désastreuse déclaration de guerre : l'enquête de 1871 le proclame hautement. Mais d'ailleurs, qu'était-il besoin d'enquête ? Ne disiez-vous pas à vos braves et glorieux soldats, à cette armée triomphante d'Afrique, de Crimée, d'Italie, du Mexique, de la Syrie et de la Chine : *La guerre sera longue et difficile !* Et cependant, vous, le plus sage, le plus éclairé, le plus dévoué des Français, vous êtes devenu la plus douloureuse victime d'entre les victimes. Mon cœur se déchire et saigne au souvenir de votre atroce martyre, et il me faut, certes, ma foi et toute ma foi en la justice de Dieu pour apaiser mon incomparable douleur !

Mais si l'Empereur est mort, chers amis, l'Empire n'est pas mort. Dieu l'a ainsi voulu dans ses impénétrables desseins. L'Empire vit dans ce jeune homme qui, il y a vingt ans, au lendemain d'une victoire et d'une paix glorieuse, est né là, dans ce palais des Tuileries, au milieu des acclamations du peuple. Il vit dans cet enfant que les soldats de la garde et de l'armée, ces héroïques calomniés, ces lâches de St-Privat, de Reischoffen et de Sedan, ont salué leur enfant le lendemain de Magenta et acclamé leur frère d'armes le soir de Sarrebrück. Il vit dans cet homme, mûri avant l'heure par les douleurs de la patrie et les enseignements de son père, qui, viril et fort à l'heure où les autres ne sont encore que des enfants, s'était jeté au pied du lit où reposait son père mort, et sans haine pour les bourreaux, sans malédiction contre la destinée, avait dans cette douleur suprême, invoqué Dieu, le seul consolateur, le seul appui, le seul sauveur.

L'empire n'est pas mort. Serrés autour de l'exilé, les bonapartistes ont foi dans le lendemain. Ils savent que Louis-Napoléon achèvera de mûrir dans le deuil et l'exil, sous les yeux et sous l'attentive surveillance de Celle que l'Empereur a si bien jugée et qui, sur le trône, s'est montrée la digne héritière de cette Joséphine, l'impératrice du peuple, dont le peuple associera toujours l'inépuisable bonté à la gloire légendaire de Napoléon Ier. Elle est digne de sa difficile mission Celle qui, toujours égale aux événements, a été dans les jours de fête la première par sa beauté, qui dans les jours de deuil a été la première par le patriotisme !

Enfin j'ai cru devoir m'expliquer sur cette

vertu souveraine des républiques pour sauver et régénérer un pays; la république des Etats-Unis, dont on nous vante sans cesse les mérites, m'a paru confirmer mes appréciations et justifier mes craintes. Dieu me garde de réchauffer dans mon cœur la moindre haine contre la république et les républicains; la haine, à moi aussi, m'a toujours glissé entre les doigts, selon l'expression du duc d'Audiffret-Pasquier; seulement j'ai su le prouver, car au lieu d'attaquer je ne fis jamais que défendre. D'ailleurs, je le déclare ouvertement, malgré la sincérité et l'ardeur de mes convictions, jamais je ne serai un homme de parti, et si un jour, après être resté longtemps en route par suite de circonstances fatales, mais honorables, la Providence voulait enfin que je suivisse vos brillantes traces, oh! je le jure, la tête haute et le cœur droit, mon plus grand honneur serait de n'avoir pour seuls guides que la vérité et la justice.

J'ai terminé cette rapide, trop rapide étude

des *questions du jour* par l'indication brève et sèche des avantages qu'offrirait l'Empire, en cas de retour, sur les autres formes gouvernementales. Ce que je dis d'un nouvel Empire est tout à fait orthodoxe, et sans avoir, certes, qualité et mission pour cela, je puis en donner la ferme assurance.

Enfin, il ne me reste plus qu'à devancer et préciser une remarque : l'enthousiasme que m'inspire le peuple. Il n'est pas de fraîche date ; et de tout temps ne m'avez-vous pas vu, malgré vos observations et vos craintes, bienveillant, dévoué à l'excès pour ces concitoyens déshérités de tous les biens de ce monde ? Plus que jamais je me suis fait un nouveau devoir d'attester ces sentiments, car plus que jamais le peuple s'en trouve digne. Le peuple, oui, est l'universalité des citoyens composant un pays, quels que soient leur origine, leur rang et leur fortune ; nous sommes donc tous du peuple, et le consulter, c'est consulter nous tous qui avons les mêmes droits et les mêmes devoirs. Mais dans certains cas, parler du peuple, n'est-ce pas parler de concitoyens dénués de fortune, d'instruction et d'éducation? Eh bien, c'est surtout ce peuple-là, peuple malheureux, que je respecte et que j'aime.

Il faut le connaître ce peuple, et, je le sais, qui peut s'en vanter! La vérité est que, même avec le sentiment le plus humain, il n'est pas toujours facile d'être exactement équitable avec cet être multiple. Il a de si grandes qualités et de si grands défauts, que selon l'impression, on est attiré ou repoussé violemment. Mobile, changeant de passions, mais toujours extrême, il ne supporte rien ou supporte tout; il a des sommeils et des réveils également redoutables; parfois il ne se connaît plus, il a des fureurs de désordre et, dois-je l'ajouter, des fureurs de sang; il semble une force aveugle de la nature et il fait désespérer de la raison. Malgré tout on s'intéresse à lui, on a pitié de tant d'ignorance et de souffrance; on songe à ce qu'il y a d'admirables vertus et d'abord de courage pour lutter contre la vie, pour gagner le pain de chaque jour et élever les nombreuses familles; on songe que de là sont sorties des armées qui ont fait la France, son sol et son honneur; que des hommes de génie sont aussi sortis de là, que partout l'intelligence y éclate; alors on conçoit un ardent désir que ces forces sauvages se civilisent, on conçoit une volonté énergique à y travailler, et, tout en plaignant ces terribles enfants qui font tant de mal aux autres et à eux-mêmes, on se prend à espérer qu'ils seront des hommes. C'est ce qui s'appelle aimer le peuple et comme il faut l'aimer.

Mais je vous quitte, mes chers amis. Vous trouverez sans doute toutes ces *questions du jour* traitées trop brièvement; mais, je vous l'avoue, j'ai craint de vous fatiguer et j'ai mieux aimé être incomplet que de vous endormir. Malheur, en vérité, au livre sur lequel on dort!...

Un bon livre est, dit-on, un ami.

Je crois en ce moment vous présenter un de

ces amis-là. Recevez-le comme on reçoit ses amis, comme vous m'avez toujours reçu moi-même, avec bienveillance et le cœur ouvert. Merci et *au revoir !*

François Barrière.

VARIATIONS ET CONTRADICTIONS

DE LA

RELIGION NATURELLE

I

De l'existence de Dieu

Au premier pas que je fais dans la *Religion naturelle,* je suis frappé du désordre qui règne parmi ses
adeptes. Y a-t-il un Dieu? Oui, il y en a un, disent
les déistes. Non, il n'y en a pas, disent les athées. Il
y a un Dieu : Dieu est une intelligence infinie qui a
créé le monde. Non, Dieu n'est autre chose que la
matière même de ce monde, matière éternelle, immense. Non, Dieu est l'âme du monde et non le
monde même; il est matériel, mais la partie la plus
déliée, la plus subtile de la matière et non la matière
grossière. La *Raison* de quelques grands philosophes
fait accorder toutes ces propositions : moi, je l'avoue
avec simplicité, je n'ai pas assez d'esprit pour y
réussir, elles me paraissent d'énormes contradictions.

Ces variations sur ce point capital ruinent le système de la *Religion naturelle* par les fondements. C'est un seul et même auteur qui varie et se contredit ainsi lui-même; plusieurs sont dans ce cas. S'il en est quelqu'un qui s'accorde avec lui-même en se tenant ferme à l'une de ces propositions, il est en discorde avec un autre qui soutient la proposition contraire. Les auteurs, tous tant qu'ils sont, ont donc ici deux choses à faire, avant qu'ils puissent avoir droit de se faire écouter.

La première, c'est que chacun s'accorde avec soi-même. La seconde, c'est que tous ensemble ils s'accordent les uns avec les autres. J'ajoute que, lors même qu'ils s'accorderont ensemble, si cela arrive jamais, j'aurai encore une difficulté à leur proposer qui ne sera pas peu embarrassante. Je prendrai donc la liberté de leur dire : Vous vous réunissez aujourd'hui dans un même sentiment. Fort bien. Mais il y a des cinquante, cent, deux cents ans et plus que vous êtes dans les contradictions les uns avec les autres : cependant vous étiez tous alors de la même *Religion naturelle;* vous ne parliez d'autre chose. Cette Religion renferme donc toutes ces contradictions. Répondez. Voilà un opprobre que vous n'effacerez jamais, puisqu'il vous est impossible de faire que ce qui a été n'ait point été, et que vous n'ayez jamais été dans ces contradictions où nous vous avons trouvés. Voilà ce qui décide de tout et qui dispense de vous répondre ou d'entrer plus avant en controverse avec vous, non seulement les simples qui n'en seraient pas capables, mais encore ceux qui n'en auraient pas le loisir ou qui ne voudraient pas s'en donner la peine. Vous n'avez pas la *Raison* pour vous : la chose est démontrée. Ils l'ont pour eux, puisqu'ils vous confondent en quatre mots dès la première entrée de la dispute ; ils font bien de s'y tenir et de demeurer dans la *Religion révélée* dans laquelle ils ont été élevés, et dont les plus beaux esprits ne peuvent s'écarter sans donner dans des travers déshonorants. Pour moi, je ne crains point de vous suivre partout ou plutôt de vous pousser plus loin.

Il y a un Dieu. Non il n'y en a point. Dieu est une intelligence souveraine. Il n'y a point d'intelligence, tout est matière et Dieu n'est autre chose que cette matière immense. C'est là, en deux mots, la base de la *Religion naturelle*. On remarquera que ce dernier sentiment est le même que le second. Dire que ce monde matériel est Dieu et dire qu'il n'y a point de Dieu, c'est une même chose. Mais pourquoi retenir le nom de Dieu? C'est que la nature elle-même se révolte contre cette proposition : il n'y a point de Dieu ; tant elle crie avec force : il y a un *Dieu*. Telle est la voix de la *vraie Religion naturelle*. Elle se révolte en même temps contre cette proposition : Dieu n'est autre chose que ce monde matériel, puisque dire que c'est là Dieu et dire qu'il n'y a point de Dieu, c'est une seule et même chose. La *nature* nous apprend donc aussi que Dieu est une intelligence souveraine.

II

La nature de Dieu

I

Je viens au fait. Selon la *Religion naturelle* il y a un *Dieu*, c'est-à-dire un esprit qui a créé toutes choses, qui a même été obligé par sa sagesse infinie de faire le plus parfait de tous les mondes possibles, en suivant les combinaisons des lois générales du mouvement. Dieu ne veut qu'une seule chose, savoir : l'exécution de ces lois générales. De là résulte tout le détail. Il ne veut aucun événement particulier : une seule volonté générale produit tout. Rien n'arrive de telle ou telle manière en particulier, qu'en conséquence de ces lois générales que Dieu aime uniquement, parce qu'il n'est rien de plus sage et que Dieu infiniment parfait aime nécessairement tout ce qu'il y a de plus sage. Ainsi point de *Providence;* il est indigne de Dieu d'entrer dans aucun détail. Il se tient tranquille au plus haut des cieux, jouissant de son éternelle félicité. Tout est bien comme il est, puisque tout est une suite de ces lois, à quoi il n'y a rien à réformer. Point de vertu, point de vice; il n'y a de mal qu'en apparence : vice et vertu ne sont que des mots; ou s'il y a des vices, ce sont des *ingrédients* inévitables dans l'exécution des lois générales, et par conséquent des choses innocentes; Dieu ne punit donc rien, il ne récompense rien. Heureux hommes, vous n'avez plus rien à craindre. Vous voilà délivrés de ces frayeurs qu'on vous avait inspirées avec le lait dans une éducation superstitieuse; félicitez-vous vous-mêmes et jouissez du monde en paix. Arrêtez !... Où allez-vous? Si par malheur il se trouvait un enfer comme un *ingrédient* inévitable à la combinaison la plus parfaite des lois génerales ! La *Religion naturelle* n'en fait rien. Elle dit bien que tout ce qui se fait n'est qu'une suite de cette combinaison; mais elle ne le conçoit pas. Elle ne peut pas dans le détail nous montrer la combinaison particulière qui produit tel ou tel effet. Elle ne connaît pas tout ce qui peut résulter de ces combinaisons ; elle ne sait donc pas si l'enfer n'est pas un de ces effets. Car, adeptes de la *Religion naturelle*, vous dites que tout est bien, parce que vous voyez qu'il existe, et que tout ce qui existe est bien, parce qu'il est l'ouvrage de Dieu et une suite des lois générales. Mais voyez-vous tout ce qui existe ? non. Il peut exister un lieu de supplice sans que vous le voyiez : en ce cas il serait un bien, il serait une perfection ou un *ingrédient* de la combinaison la plus parfaite des lois générales. Vous répliquez : Puisqu'il ne peut y avoir de vice, il ne peut y avoir de supplice pour le vice. Mais puisque l'homme est libre dans l'usage de la raison, le mauvais usage qu'il en fait n'est pas un vice punissable ?

Ecoutez Pope sur cette liberté :

> De ce but, la *Raison* libre de s'écarter,
> Sort de l'ordre prescrit, ose lui résister (1)

Vous voilà tous replongés dans vos craintes et vos alarmes.

---

(1) Poëme de Pope : *Essai sur l'homme*, page 83.

Non, ce système ne vaut rien. Il est mieux de dire qu'il n'y a point de Dieu ou plutôt que Dieu n'est autre chose que ce vaste univers, qui est immense, infini, sans bornes : voilà des attributs *divins*. C'est une erreur de croire qu'il y a des esprits. C'est la matière prise dans son entier qui est Dieu, c'est ce tout ensemble. Ce monde n'a point été fait, il est sans commencement, il sera sans fin. Voilà encore des attributs divins, des perfections infinies. Rien ne s'anéantit : ce qu'on croit mourir et périr ne fait que prendre une autre forme.

« Toutes les âmes des hommes et des bêtes sont des *parti-* « *cules de l'âme du monde* qui *se réunissent* à leur *tout* par la « mort du corps. Les animaux ressemblent à des bouteilles « d'eau qui flotteraient dans la mer. Si l'on cassait ces bou- « teilles, leur eau se réunirait à son tout. C'est ce qui arrive « aux âmes particulières, quand la mort détruit les organes « où elles étaient renfermées. » (BAYLE.)

Le corps se réunit à la terre, à la partie grossière du monde. L'âme se réunit à la partie la plus sub- tile de la matière qui est l'âme du monde, et cette âme du monde est Dieu. Une difficulté m'arrête. Dieu n'est donc qu'une partie du monde et non le monde entier. Il n'est plus immense, infini ; tous ses attri- buts divins s'évanouissent. Nullement : étant l'âme du monde il est l'âme de son propre corps et l'un et l'autre ensemble sont Dieu. Sur ce pied, il faut donc dire aussi que Dieu est le corps du monde. Pourquoi la *Religion naturelle* ne le dit-elle pas ? Pourquoi se contente-t-elle de l'appeler l'âme du monde. Je dis qu'il n'y a point de distinction à faire entre matière déliée et matière grossière : tout est uniforme et le tout est Dieu. C'est-à-dire que la *Religion naturelle* ne connaît pas encore son Dieu, elle ne se connaît pas elle-même, elle ne sait pas ce qu'elle doit croire. Il n'y a point de Dieu, il y en a un. C'est un pur esprit ; non, il n'y a point d'esprit, tout est matière. Dieu est tout cet univers matériel ; non, il en est l'âme : il a un corps et une âme, un corps qui est la matière la plus grossière, une âme qui est la partie la plus sub-tile de la matière. La *Religion naturelle* qui ne croit rien sans voir, comprend tout cela sans peine. Ajus-tez toutes ces pièces ensemble, si vous le pouvez, superbes esprits de la *Religion naturelle !*

II

Mais je poursuis et voici d'autres réflexions encore plus importantes sur le même sujet. Je dis donc : Si la Divinité est l'âme du monde, ou bien elle est d'une

autre nature que la matière, ou bien elle est matière
elle-même. Si elle est d'une autre nature, il n'est donc
pas vrai que tout soit matière. Premier point qui décide de tout. Assurément un tel être mérite nos respects et notre vénération et même les témoignages
extérieurs de ce respect. La raison veut que nous ho-
norions un être supérieur et bienfaisant, de qui nous
tenons tout, et que nous donnions des marques de
cette vénération. Voilà ce qu'on appelle un culte ex-
térieur de Religion.

Que si la Divinité n'est autre chose que la matière
de ce vaste univers, c'est se tromper et vouloir tromper les autres que de nous parler de la Divinité comme
de l'âme du monde matériel : tout est matière, et
cette distinction d'un corps et d'une âme est fausse :
il n'y a point d'âme du monde, point de Divinité,
point de Providence ; à moins que cette âme ne soit
le mouvement et l'arrangement des parties du monde,
une situation qui les rende propres à se mouvoir,
comme dit l'un des docteurs de la *Religion naturelle*, en ces termes : « *Dieu, c'est-à-dire la nature
« en tant qu'elle est le principe de tout mouve-
« ment.* » Quelle âme ! La nature elle-même. Voilà
l'imposture de ce grand mot, *l'Ame du monde :* ce
n'est que la matière, où l'ordre, l'accord, l'arrange-

ment de la matière, une âme de violon. Est-ce là votre Dieu, Messieurs !

Oui, selon Pope lui-même, Dieu n'est que la matière. Qu'on l'écoute : « *La moindre confusion dans* « *un seul monde entraînerait la ruine non seule-* « *ment de ce monde particulier, mais encore celle* « *du grand tout !* »

> Dans le trouble et l'horreur la nature expirante
> Jusqu'au trône de Dieu porterait l'épouvante (1).

Oui, si Dieu est matière. Non, si Dieu est esprit. L'intelligence souveraine s'épouvanterait ! Faibles mortels, quelle idée avez-vous de cet Être !... Tout l'univers, aussi vaste que vous le pouvez concevoir et sur lequel vous vous écriez hors de vous-mêmes : « *O Etendue, que l'œil ne peut voir, que l'optique* « *ne peut atteindre, depuis l'infini jusqu'à toi, de-* « *puis toi jusqu'au néant;* » tout cela est devant Dieu comme un atome : il est comme s'il n'était pas. Telle est l'idée qu'il nous donne de lui-même, et l'on voit bien à ce trait de grandeur qu'elle vient de lui. Jamais les timides pensées des hommes ne se sont élevées jusque là. Que l'on rapproche la bassesse des

(1) Pope, *page* 79.

leurs à la hauteur de celle-ci : à ce seul contraste on voit, on distingue aisément ce qui vient d'une chétive créature et ce qui vient de l'Etre infini. La seule noblesse de ces idées est une preuve éclatante de leur vérité et de leur divinité. « Nous aurions beau mul-
« tiplier nos discours, nous n'atteindrions jamais jus-
« qu'à lui. — Portez la gloire de Dieu le plus haut
» que vous pourrez et elle se trouvera encore au-des-
« sous. — Relevez sa grandeur de toutes vos forces ;
« il est au-dessus de toutes louanges. — Redoublez
« vos efforts, ne vous lassez point, prenez des forces
« toutes nouvelles, vous n'atteindrez pas encore. —
« Qui l'a vu pour le représenter, et qui le dépeindra
« aussi grand qu'il est ? Beaucoup de ses ouvrages
« nous sont cachés, qui sont plus grands que ceux
« que nous connaissons ; car nous n'en voyons qu'une
« petite partie. Mais Dieu a fait toutes ces choses et
« il les a faites en se jouant : *Ludens in orbe terra-*
« *rum* (1). » Les étoiles, cette prodigieuse multitude de globes immenses, ne sont pour lui qu'une vile poussière. Voilà ce qui s'appelle parler de Dieu d'une manière digne de Dieu. Où puise-t-on de telles idées ! Ce n'est point dans l'esprit de l'homme, on en voit ici

(1) Les Saints Livres,

une triste expérience ; combien celles de Pope sont petites, misérables. Dieu tremblerait ! etc... Oui, à moins qu'un esprit entraîné par un cœur corrompu ne cherche à s'aveugler lui-même, il ne pourra s'empêcher de convenir que c'est Dieu qui parle dans des *Livres* qui nous apprennent à penser de Dieu d'une manière si grande et si noble.

Je reviens sur les paroles de Pope. Ce qu'il dit, Voltaire l'adopte en exprimant le regret qu'il a de ne pouvoir où de ne pas oser s'expliquer avec autant de liberté que lui :

> Mon esprit resserré sous le compas français
> N'a point la liberté des Grecs et des Anglais.
> Pope a droit de tout dire, et moi je dois me taire (1).

Mais Pope lui-même ne pouvait-il pas s'expliquer plus clairement? ne le devait-il pas? Il se contente de faire entendre ce qu'il pense. Il dit que la ruine du monde matériel *jusqu'au trône de Dieu porterait l'épouvante.* Cela est indubitable si Dieu est la même chose que le monde matériel. Mais cela ne peut être si Dieu est esprit, l'intelligence éternelle, essentiellement subsistante. Il est donc évident que selon Pope

______

(1) Sixième discours de *la Nature de l'Homme.*

Dieu est matière. Pourquoi n'oserait-il pas le dire à pleine bouche, *lui qui a le droit de tout dire ?* J'en tire deux conséquences. La première, c'est qu'il sentait au dedans de lui-même que cette partie de son système est si honteuse, si déshonorante, qu'il n'a pu s'empêcher lui-même d'en avoir de la confusion. Il tâche d'en couvrir l'opprobre et en même temps, il n'est pas fâché qu'on le comprenne. D'autres l'ont compris et la corruption du cœur augmentant toujours, ils ont dépouillé toute honte et l'ont dit hardiment et sans façon. Mais par où peut-elle être honteuse? Elle ne le peut être si c'est une vérité. Donc, et c'est la seconde conséquence, il sentait en sa conscience qu'il avait fait une erreur, mais une erreur qui l'intéresse et qui lui est chère, et cependant il ne craint pas de l'enseigner.

Si Dieu n'est autre chose que le monde matériel, Pope se contredit, Voltaire de même, quand ils annoncent que Dieu a été obligé de créer le monde le plus parfait.

Il n'a point fait le monde, il est impossible qu'il l'ait fait, il est lui-même monde, on ne se fait pas soi-même, il n'y a ni créateur ni créature.

III

Si la divinité est spirituelle, conçoit-on qu'elle puisse être dépecée en mille millions de particules séparées, qui font ce qu'on appelle les âmes des hommes, lesquelles par la mort vont se réunir à leur tout. C'est un mystère que sûrement la raison ne nous apprend pas.

Si la divinité est matérielle, on peut se représenter les êtres particuliers comme des bulles formées sur la mer de la nature, elles s'élèvent, elles crèvent, elles retournent à la mer. (POPE, *page 48.*) Quand un homme meurt la partie grossière se rejoint à la terre, et la partie subtile, c'est-à-dire celle qui raisonne et qu'on appelle l'âme, va se réunir et se confondre avec les parties supérieures et subtiles du monde : elle se rejoint à son tout et s'y perd comme une bulle d'eau dans l'océan où elle s'était formée. Voilà donc deux parties distinguées dans l'homme. 1º La partie grossière, incapable de sentiment. 2º La partie subtile, cette partie qui pense, qui juge, qui raisonne, qui craint, qui aime, qui espère, etc... *une matière pensante* comme dit Voltaire (Lettres Philosoph.). Le tout, auquel cette seconde partie va se réunir, est donc un être qui *pense*, qui *juge,* qui *sent*, qui *aime*, est en même temps éternel, immense, tout-puissant, qui voit tout, qui sait tout, etc. Car si la portion peut quelque chose, si elle connaît quelque chose, il s'ensuit que son *tout* peut *tout*, qu'il connaît *tout*. Il est digne de nos hommages et d'un culte religieux et il y a droit. Si un empereur, un roi, un président de République méritent nos respects, notre obéissance et les marques *extérieures* de vénération, combien plus le *Tout* dont ces chefs d'Etat ne sont qu'une petite parcelle ! Cet être souverain est bienfaisant, il gouverne tout l'univers. Car si ces Grands entre les grands de la terre gouvernent une portion du monde, il faut nécessairement que le Tout gouverne tout et ces derniers eux-mêmes. Voilà la Providence établie avec la *soumission* qu'on lui doit et la *reconnaissance* que les bienfaits de l'Etre souverain méritent infiniment plus que n'en méritent les bienfaits des omnipotents de la terre. En un mot, le culte de la Religion est rétabli par les moyens qu'on avait imaginés pour le renverser.

Mais indépendamment de ce que je viens de dire, supposons ces bulles telles qu'on les voudra, subtiles ou grossières : toutes ces âmes sont donc des portions de l'âme du monde, qui est Dieu selon ces nouveaux systèmes.

Par conséquent, Dieu a tous les vices aussi bien que toutes les vertus. Il est *cruel* dans les uns, *voleur* dans les autres, *prodigue* dans ceux-ci, *avare* dans ceux-là ; il est ignorant, il est savant. Il est plein de raison dans Voltaire. Lui-même, dans Voltaire, il pose des principes qu'il ne peut accorder les uns avec les autres ; il forme des systèmes dont les pièces ne peuvent s'ajuster ; il est mauvais philosophe, toujours en discorde avec lui-même dans toutes les parties du monde et souvent dans une seule et même partie. Les dieux d'Homère ne s'accordent pas mieux. Pascal est un *rêveur fanatique*, disait Voltaire, il faut réformer ses erreurs ! Voltaire réformant les erreurs d'un Dieu ? Pascal n'était-il donc pas une bulle renfermant aussi bien que Voltaire une particule de la Divinité !.....

Mais en vérité c'en est assez de tant de contradictions si prodigieuses ! Je m'en tiens là !...... .....

On raconte que dans le dernier siècle, où l'impiété était à la mode, un homme d'esprit se trouvait un jour à souper avec quelques prétendus philosophes qui parlaient de Dieu et niaient son existence. Pour lui, il se taisait. L'horloge vint à sonner quand on lui demanda son avis. Il se contenta de la leur montrer du doigt, en disant ces deux vers pleins de finesse et de bon sens :

Pour ma part, plus j'y pense et moins je puis songer
Que cette horloge marche et n'ait point d'horloger.

La réponse de ses amis est restée inconnue.

On cite encore une parole fort piquante d'une femme d'esprit à un célèbre incrédule de l'école voltairienne. Il avait inutilement tâché de convertir cette dame à son athéisme. Irrité de la résistance : « Je « n'aurais pas cru, dit-il, dans une réunion de gens « d'esprit être le seul à ne pas croire en Dieu. »

« Mais vous n'êtes pas le seul, Monsieur, lui répliqua la maîtresse du logis, mes chevaux, mon « épagneul et mon chat ont aussi cet honneur; seulement ces pauvres bêtes ont le bon esprit de ne « pas s'en vanter. »

Être divin ! vous seul, vous seul êtes réellement le seul Être positif qui mérite cette dénomination. Vous êtes seul ; seul vous vivez, parce que votre existence et votre vie ne sont point des accidents. Vous êtes l'Être unique, l'Être des êtres. Il n'y a point, il ne saurait y avoir d'ÊTRE hors de vous, parce que les seules qualités positives qu'il nous soit donné de connaître prennent leur source en vous. Le bon, le beau, le juste, l'honnête émanent de votre sein et font partie de votre essence ; le mauvais, le difforme, l'injuste, le déshonnête sont vos négations. Vous êtes l'*Être* nécessaire, car sans vous les mondes eussent éternellement dormi dans le néant. Ce globe qui me porte me montre mille formes changeantes ; l'organisation des végétaux, le mouvement des fluides, les diverses configurations des solides et le mélange des uns et des autres lui prêtent une apparence de féerie. Les animaux le parcourent en tous sens comme des ombres fugitives ; l'homme lui-même vient en tremblant hasarder quelques pas sur ce théâtre d'illusions. Il y commence un rôle qui doit continuer ailleurs. Partout l'*être* m'échappe et je ne vois que vous, qui méritez le titre de *Dieu*, parce que seul vous en possédez les attributs. Je ne saurais rien expliquer sans vous ; tous les phénomènes de la nature me confondent, me tourmentent, me désolent où vous n'êtes pas ; tout se développe, s'explique et marche avec ordre dès que l'on fait intervenir votre présence. Je dirai donc de *Vous* et je dirai de *vous* seul, que *Vous êtes !*

CHAPITRE DEUXIÈME

I. CHRISTIANISME. II. CATHOLICISME

III.

LE PAPE

I

Du Christianisme

Il y a un Dieu. Ce Dieu a voulu qu'on lui rendît un culte. Or, souverain maître, la sagesse, la bonté, la lumière même, il a dû forcément, nécessairement imposer à l'homme, sa créature, le chef-d'œuvre de ses mains, un ordre d'hommages déterminé. De là cette question : *Toutes les religions sont-elles bonnes ?* Evidemment non. Pour moi, on ne me fera jamais croire qu'il importe peu d'être Païen, Juif, Turc, Chrétien, qu'il soit bon et permis d'adorer, à la place de Dieu, Jupiter, Mars ou Vénus, de rendre des honneurs divins aux crocodiles et éléphants sacrés, de se prosterner devant des pierres, des plantes, d'immoler enfin des victimes humaines aux idoles que l'on vénère. Il doit donc y avoir une vraie Religion.

Quelle est-elle?

« La Raison qui me démontre avec tant de clarté
« l'existence d'un Dieu, me répond obscurément lors-
« que je l'interroge sur la nature de mon âme et
« garde un silence si profond quand je lui demande
« la cause des contrariétés qui sont en moi, qu'elle-
« même me fait sentir la nécessité d'une *Révélation*
« et me force à la désirer. Je cherche parmi les diffé-
« rentes religions celle dont cette révélation doit être
« le fondement. Par le premier de tous les livres que
« donne le premier de tous les peuples et par la suite
« de l'histoire du monde, je trouve à la *religion*
« *chrétienne* tous les caractères de *certitude* que je
« souhaite. » Ainsi s'exprime Racine (1).

Après lui et avec lui, je dirai oui, mille fois oui, il
n'y a qu'une Religion, une seule de vraie, absolue
comme toute vérité, rejetant tout mélange, excluant
tout ce qui n'est pas elle, et cette Religion, j'ai hâte
de l'affirmer, de le prouver, c'est le *Christianisme*,
la Révélation chrétienne.

Ah! qui donc pourrait dire tous les titres du christianisme à notre croyance! Il remonte au berceau du
monde par les prophéties qui l'annoncent, par la foi,

(1) Préface du poème *la Religion*.

l'espérance des patriarches et par les cérémonies du culte mosaïque et primitif qui le figurent.

Toujours, toujours il fut une seule et même religion, bien qu'elle se soit développée en trois phases :

1º Dans la religion patriarcale, qui dura depuis Adam jusqu'à Moïse.

2º Dans la religion juive, que Moïse promulgua de la part de Dieu et qui dura jusqu'à l'avénement de Jésus-Christ.

3º Dans la religion chrétienne ou catholique, enseignée par Jésus-Christ lui-même et prèchée par ses apôtres.

Ainsi le Christianisme embrasse seul l'humanité tout entière, il domine tout, et le temps et les siècles.

D'un autre côté, comme tout dans le Christianisme est digne de son *auteur!* qu'on l'étudie et l'on y découvrira une harmonie merveilleuse, une beauté, une grandeur incomparables, une vérité saisissante.

Le caractère sublime de son fondateur.

La perfection de sa vie.

La sainteté de sa loi.

L'élévation pratique de la doctrine enseignée.

Son langage qui est une folie s'il n'est divin.

Le nombre et l'authenticité de ses miracles.

La puissance de sa Croix.

Le développement surnaturel de son Eglise, malgré toutes les impossibilités matérielles, physiques et morales.

Les prédications triomphantes de ses Apôtres, pêcheurs ignorants et timides, changés tout à coup en docteurs et en conquérants du monde.

La force surhumaine de 9 millions de martyrs !... 9 millions de martyrs !

Le génie des pères de l'Eglise écrasant toutes les erreurs par la seule exposition de la foi chrétienne.

La métamorphose sociale que le Christianisme a opérée, et opère encore de nos jours, dans tous les pays où il pénètre.

Enfin, sa durée, l'immutabilité de son dogme, de sa constitution, de sa hiérarchie catholique, son indissoluble unité au milieu des empires qui tombent, des sociétés qui se modifient, tout, oui tout, atteste que le doigt de *Dieu* est là et rien que là !.......

C'est en effet la seule Religion qui ait des preuves, la seule qui éclaire la raison, qui sanctifie le cœur, qui, ramenant toute perfection morale à la connaissance de Dieu, soit digne et de Dieu et de l'homme.

M. Vacherot est, comme on sait, un esprit indépendant, un déiste, peu suspect de complaisance envers le Christianisme, et pourtant voici en quel beau langage il donne une leçon aux modernes esprits forts qui ne voient dans la *Religion chrétienne* qu'une oppression de l'esprit humain. C'était au cours de la discussion sur le conseil supérieur de l'instruction publique, que M. Vacherot prononça ce remarquable discours, d'où j'extrais, d'après le compte-rendu officiel, les passages suivants :

« Quels que soient les systèmes qui peuvent nous
« diviser sur l'origine des croyances religieuses, il
« n'y a personne ici à gauche comme à droite, j'en
« suis sûr, quelque affermi qu'il soit dans le cercle
« des études abstraites et purement spéculatives,
« qui ne reconnaisse que les religions qui ont été
« dans le passé les institutrices, les nourrices du
« genre humain, sont encore aujourd'hui les plus
« grandes écoles de morale populaire.

« Non pas, messieurs, que je sois indifférent aux
« efforts de la science et de la philosophie pour faire
« pénétrer dans la conscience du peuple les notions
« de morale universelle. Mais, messieurs, il faudrait
« une philosophie bien optimiste pour ne pas voir
« que, jusqu'à présent, le résultat n'a que faiblement
« répondu à tous leurs efforts.

« Et maintenant y a-t-il quelqu'un ici, à gauche
« comme à droite, qui ait le moindre goût pour cette

« école de morale ou plutôt d'immoralité qu'aucune
« philosophie n'avoue, pour cette école qui n'enseigne
« pas le peuple, mais qui le corrompt en le flattant,
« qui fait appel aux instincts grossiers et aux mau-
« vaises passions, qui a rayé de son dictionnaire les
« mots de libre arbitre, de devoir, de sacrifice, qui
« veut que l'esprit dans l'homme travaille au profit
« de la bête, qui veut que le cerveau, cet organe des
« nobles pensées et des généreux sentiments, soit le
« serviteur du ventre et des organes inférieurs ; ce
« n'est pas, vous le comprenez comme moi, avec des
« maximes aussi peu stoïques que nous ferons de ce
« bon et vaillant peuple de France un peuple de ci-
« toyens et un peuple de soldats !

« Pour moi dont les doctrines sont connues, *j'aime*
« *mieux, et je le dis hautement, la doctrine du*
« *Crucifié*, et toutes les fois que je vois un ministre
« et un prêtre chrétien élever l'enseignement popu-
« laire à la hauteur de la morale évangélique, je
« m'en applaudis, je dis que c'est un bienfait pour la
« civilisation, et je ne lui demande pas compte de
« l'origine d'une doctrine qui a un *tel effet moral !* »

Mais *Jésus-Christ*, le fon-
dateur du Christianisme, n'est-il autre chose qu'UN
GRAND PHILOSOPHE, QU'UN GRAND BIENFAITEUR DE

L'HUMANITÉ, QU'UN GRAND PROPHÈTE? EST-IL DONC VRAIMENT DIEU ?

Il répondra lui-même : « *Oui, vous l'avez dit, je* « *le suis. Moi, depuis tant de temps que je suis* « *avec vous, vous ne me connaissez point encore?* « *Celui qui me voit, voit mon père; moi et mon* « *père, nous sommes un seul être* (1). »

Il faudrait un livre entier pour traiter convenablement cette question. Je viens d'y toucher en prouvant la divinité de la Religion chrétienne. Cependant il me faut insister davantage et développer un point sur lequel repose toute ma foi, la foi chrétienne : JÉSUS-CHRIST EST LE HÉROS DE L'EVANGILE.

L'EVANGILE, on le sait, est l'histoire de Jésus-Christ, écrite par des témoins oculaires devant des témoins oculaires aussi, les juifs et les premiers chrétiens; racontée par les apôtres qui se sont fait tuer pour attester la vérité de leur parole.

La seule lecture de l'Evangile est la meilleure preuve de sa vérité. *Rousseau*, l'incrédule, l'avouait lui-même. « Ce n'est point ainsi qu'on invente, disait-il, et l'inventeur d'un pareil livre en serait plus étonnant que le héros... »

(1) *S. Math.*, ch. 26, v. 63-64.

Donc, l'EVANGILE à la main :

1° Que l'on remarque les proportions gigantesques de cette figure comparée à tous les autres hommes, même aux plus grands ! Tous meurent à jamais, ils font du bruit pendant leur passage, ils bouleversent le monde... et après eux, que reste-t-il? Leur nom loué ou méprisé, puis devenu indifférent, va s'ensevelir dans les livres. Ils ne *vivent* plus sur la terre.

JÉSUS-CHRIST *seul* vit encore, vit toujours et partout. Il est présent au monde, aujourd'hui comme il y a 1800 ans ! Partout on le défend ou on l'attaque, partout il est accueilli ou repoussé comme au jour de sa vie mortelle. Il est au fond de tous les grands mouvements qui ébranlent le monde, il est la question capitale, le centre auquel aboutissent toutes les questions qui touchent au cœur de l'humanité.

Il vit, commande, enseigne, défend, développe sa vie puissante dans le Christianisme, qui n'est autre chose que la continuation de sa vie dans l'univers.

Donc JÉSUS-CHRIST est un fait universel, continu, actuel, agissant depuis 19 siècles, écrit sur les générations humaines, sur tous les peuples en caractères vivants. Tout passe, tout meurt autour de lui, lui seul, *lui seul* vit et subsiste.

Donc il y a en lui plus qu'un homme et le grand

Napoléon disait avec raison : « *Je me connais* en
« hommes, et je vous dis, moi, que Celui-là était plus
« qu'un homme. »

2º Et, chose étrange, propre à Jésus-Christ seul,
cette vie qui remplit l'univers depuis son apparition
sur la terre, a rempli avec la même puissance les
siècles précédents, jusqu'au berceau du monde. Ce
même Jésus pour lequel ont vécu, vivent et vivront
les générations chrétiennes, c'est pour *lui* qu'ont vécu
les générations des antiques fidèles, des disciples de
Moïse, des prophètes, des patriarches ! C'est en *lui*
qu'elles ont cru, c'est en *lui* qu'elles ont espéré, c'est
lui qu'elles ont attendu, c'est *lui* qu'elles ont aimé !
Ainsi Jésus-Christ, centre de l'humanité, éclaire,
vivifie tout, le passé, le présent et l'avenir.

3º Jésus-Christ et Jésus-Christ seul est le type
de la perfection, le modèle sur lequel se calque le
monde moral civilisé. La vertu, en un mot, qu'est-ce
autre chose que l'imitation de Jésus-Christ.

Rien de commun entre lui et aucun type de perfection connu, soit Juif, soit Grec, soit Romain. Il est
seul, unique, au-dessus de tout. Personne n'a jamais
pensé à l'égaler. Tout s'efface à sa lumière, comme
toutes les lumières factices de la terre en présence de
celle du soleil.

Et cette perfection humaine est un phénomène sans antécédents, elle n'est précédée par rien. Elle arrive comme une doctrine toute faite, elle ne participe à aucune école philosophique ou théologique, elle éclaire tout, foyer même qu'elle est de la lumière.

Autre observation non moins frappante et propre à Jésus seul. Chez lui, cette perfection vraiment divine et paraissant fort élevée au-dessus de l'humanité, est cependant la plus pratique. Elle se propose à tous les hommes, à l'enfant comme au vieillard, à l'ignorant comme au savant, au pauvre comme au riche. Elle s'adapte à tout et réforme tout, c'est encore et toujours la perfection pour tous.

Qui ne voit là le cachet de la Divinité ? L'homme peut-il rien de tout cela. Quelle merveille unique, quel prodige que Jésus-Christ !

Et sa DOCTRINE ! Cette parole qui depuis dix-huit siècles, méditée, discutée, attaquée, disséquée par toutes les sciences, par toutes les haines, par les génies les plus immenses, appliquée aux sociétés, aux peuples, aux individus, n'a jamais pu être convaincue d'erreur ! *Le ciel et la terre passeront, mais ma parole ne passera point.* Là où cette parole retentit, pénètrent la civilisation, la vie intellectuelle et morale, le progrès, les lumières !... là où elle ne règne point, et à proportion qu'elle règne moins, la dégradation, la barbarie, la mort.

C'est cette parole qui a fondé notre société moderne, c'est elle qui est devenue le guide, le flambeau conducteur de la raison humaine et de la philosophie.

Jamais homme, disaient les Juifs, *n'a parlé comme cet homme*. JÉSUS-CHRIST ne discute point, il ne cherche pas à prouver, sa parole lui suffit ; il est sûr, il affirme. Dieu seul fait homme est capable d'un tel langage. Bien plus, la parole de JÉSUS-CHRIST se prouve elle-même, car il affirme sans cesse sa divinité.

Il se dit *Dieu, le fils de Dieu* (1), *le Christ, la Vérité, la Vie, le Sauveur, le Messie*.

Si tu es le Christ, lui disaient les Juifs, *dis-le-nous*.

Je vous parle, leur répondit-il, *et vous ne me croyez pas. Moi et mon père nous sommes un seul être*. Ils veulent le lapider, au lieu de croire à cette parole. *Pourquoi*, leur dit Jésus, *voulez-vous me lapider ?*

---

(1) Par *fils de Dieu*, ni Jésus-Christ, ni les Juifs à qui il parlait, n'entendaient dire, comme on l'a prétendu, *un homme juste, enfant de Dieu, ami de Dieu*. Lui et eux entendaient *Verbe divin*, et ce que je dis là est si vrai que, lorsque Jésus-Christ déclare à Caïphe, le grand-prêtre, « *qu'il est le fils de Dieu*, celui-ci crie au *blasphème* et le condamne à mort comme *s'étant fait Dieu*. »

C'est à cause de ton blasphème, et parce que, étant un homme, tu te fais Dieu.

La Samaritaine lui parle du Christ Rédempteur qui doit sauver les hommes et leur enseigner toute vérité.

C'est moi qui le suis, lui dit-il, *moi qui parle avec toi.*

A un savant Juif, venu pour le consulter :

Dieu a tellement aimé le monde qu'il lui a donné son FILS UNIQUE *afin que quiconque croit en lui ne meure point, mais possède la vie éternelle. Dieu a envoyé son Fils dans le monde, pour que le monde soit sauvé par lui.*

Il vient de guérir l'aveugle-né ; celui-ci chassé de la synagogue par les pharisiens, parce qu'il disait que son bienfaiteur était au moins un prophète, le retrouve et se jette à ses pieds : *Crois-tu au fils de Dieu,* lui demanda JÉSUS-CHRIST. — *Et qui est-ce, afin que je croie en lui. — Tu le vois,* répond-il, *et celui qui te parle, c'est lui-même.*

Est-ce assez ?...

Mais encore :

Abraham, votre père, dit-il aux Juifs, *s'est réjoui en m'entrevoyant d'avance.* Comment, lui repart-on, vous n'avez pas seulement cinquante ans, et vous avez vu Abraham !

Avant qu'Abraham ne fût, je suis.

Il faudrait citer tout l'Evangile.

Qu'on lise son discours avant la *Cène* (EN ST JEAN, ch. XIII). *Je suis,* dit-il, *la voie, la vérité et la vie. Personne n'arrive au Père que par moi. Si vous me connaissez, vous connaissez mon Père. Celui qui me voit, voit mòn Père.*

Enfin l'incrédule THOMAS le voit, le touche après sa résurrection; vaincu par l'évidence, il tombe à ses pieds et s'écrie: *Mon Seigneur et mon Dieu!* Loin de le reprendre, Jésus-Christ l'approuve. *Parce que tu as vu, Thomas,* lui dit-il, *tu as cru.* HEUREUX CEUX QUI, SANS AVOIR VU, ONT CRU!

Quel langage, quelle attitude, quelle toute-puissance? Comme il se fait appeler *Dieu!*

Or, ici le raisonnement est bien simple: OU JÉSUS-CHRIST DIT VRAI, OU IL NE DIT PAS VRAI.

IL NE SAURAIT PAS Y AVOIR DE MILIEU.

1º *S'il dit vrai,* il est ce qu'il dit être, IL EST DIEU. Il est le fils éternel du Dieu vivant, béni aux siècles des siècles, et toutes ses paroles, toutes ses actions, s'expliquent facilement. Rien n'est impossible à un DIEU.

2º *S'il ne dit pas vrai,* il est ou un fou, ou un imposteur; oui, un *fou,* s'il n'a pas conscience de ses paroles et de sa conduite ; *un imposteur* s'il ment avec connaissance de cause.

Eh bien, osez le dire ! l'oserez-vous jamais ? Jésus-Christ, de l'avis unanime, le sage par excellence, *un fou* !.. Jésus-Christ, le plus vertueux, le plus saint des hommes, un menteur, un imposteur sacrilége ?...
DONC IL EST DIEU.

Il faut croire ou ne pas croire aux affirmations de Jésus-Christ. Il n'y a pas de milieu. Il faut l'admettre tout entier, ou le rejeter tout entier.

On objectera encore que peut-être il ne se disait *Dieu*, que pour faire accepter plus facilement sa doctrine ?...

La difficulté reste tout entière ; car nulle intention ne pourrait jamais excuser une si immense et constante imposture, et il n'en faudrait pas moins arriver à cette conclusion que toute la vie de Jésus-Christ ayant été l'affirmation de sa divinité, a été un tissu de folies ou de blasphèmes.

Mais encore, quel était le but de Jésus-Christ ? Détruire l'idòlatrie, rétablir partout le *règne de la vérité* et, par la vérité, rendre à Dieu ce qui est à Dieu seul, le cœur, la foi, le dévouement de l'homme. Or, avec cette pensée comment eût-il pu, sans être vraiment Dieu, en prendre le titre et revendiquer les droits, sans ruiner par la base tout son dessein? Enfin, humainement parlant, l'*impossible*, dans la prédication de Jésus-Christ, était principalement de faire admettre par les peuples la divinité de ce Jésus, pauvre, humilié, homme de douleurs, mort sur une croix !

Non, non, je le redis encore, devant le caractère surhumain de JÉSUS-CHRIST, devant ses paroles, devant ses affirmations, devant ses actions, devant son œuvre qui est LE CHRISTIANISME, il n'y a pour un homme raisonnable et sincère qu'un parti à prendre s'écrier comme Thomas : MON SEIGNEUR ET MON DIEU !

II

Du Catholicisme

Il n'y a pas de milieu entre la vérité et l'erreur. Ce qui n'est pas vrai est faux, et ce qui n'est pas faux est vrai. En religion, ce principe est encore plus important qu'en toute autre matière.

Or, *Jésus-Christ,* fondateur du Christianisme, en est le seul maître. Personne ne l'a jamais nié.

Nul homme donc n'a le droit d'enseigner, de prêcher cette religion, s'il n'en est chargé par Jésus-Christ.

Si je venais vous dire : Vous êtes chrétien, Monsieur. La religion chrétienne vous enseigne telle et telle doctrine, vous impose tel et tel devoir. Eh bien, moi, je viens réformer tout cela et vous allez croire tout ce que je vous enseigne.

Assurément vous me répondriez : Mais qui êtes-vous? Ma religion n'a qu'un maître, JÉSUS-CHRIST. Est-ce lui qui vous a envoyé? Quand et comment vous a-t-il envoyé ! Prouvez-moi votre mission divine ?

Il n'y a donc que ceux qui en ont été chargés par Jésus-Christ qui aient le droit d'enseigner sa religion. Mais ces envoyés, ces docteurs *seuls* légitimes de la religion, ces pasteurs *légitimes* du peuple, qui sont-ils? comment les reconnaître ?

Au moyen de deux observations bien simples :

La première est un grand fait *historique* : Que le Pape, évêque actuel de Rome, est le chef de la Religion catholique et remonte, par une succession non interrompue de Pontifes, jusqu'à l'apôtre saint Pierre. Que de tout temps les évêques catholiques ont été regardés comme les successeurs des Apôtres.

La seconde est l'explication de ce fait, par la simple lecture des passages de l'Evangile, où Jésus-Christ donne à ses Apôtres, et à *eux seuls*, la mission de prêcher sa religion à tous les hommes, et choisit entre les apôtres eux-mêmes SAINT PIERRE pour être le chef de toute l'Eglise, le lien d'unité des Pasteurs et des fidèles, le fondement immuable de l'édifice vivant qu'il doit élever.

Quoi de plus clair, je le demande, quoi de plus solennel que cette mission pastorale et doctorale des apôtres ?

Recevez le Saint-Esprit, leur dit le Fils de Dieu, *de même que mon Père m'a envoyé, moi je vous envoie. Allez donc, enseignez toutes les nations, baptisez-les au nom du Père, du Fils et du Saint-Esprit. Prêchez l'Evangile à toute créature.* Voici que moi-même je suis avec vous jusqu'a la fin du monde. Celui qui vous écoute m'écoute, celui qui vous méprise me méprise (1).

Et encore cette autre parole à SAINT PIERRE :

Tu es Pierre, et sur cette pierre je bâtirai mon Eglise, et les puissances de l'enfer ne prévaudront point contre elle. C'est à toi que je donnerai les

____

(1) Ev. de S. Mathieu et S. Marc, *dernier chapitre.*

clefs du royaume des cieux, et tout ce que tu délieras sur la terre sera délié dans les cieux (1).

Ces paroles ne sauraient comporter le moindre raisonnement, tant elles sont claires :

1° IL Y A UNE EGLISE CHRÉTIENNE, puisque JÉSUS-CHRIST dit : *Mon Eglise.*

2° IL N'Y EN A QU'UNE SEULE ; car il ne dit pas *mes Eglises,* mais *mon Eglise.*

Celle donc qui est fondée sur saint Pierre, gouvernée par saint Pierre, enseignée par saint Pierre toujours vivant dans son successeur : l'Eglise catholique romaine, avec le Pape, successeur de saint Pierre pour Pontife et Chef.

C'est donc au Pape et aux Evêques, Pasteurs actuels de l'Eglise catholique, qui remontent par une succession non interrompue jusqu'à SAINT PIERRE, chef des Apôtres, et jusqu'aux Apôtres, que s'adressent ces grandes promesses de Jésus-Christ ; c'est à eux qu'est confiée la mission d'enseigner, de prêcher, de conserver la Religion ; ce sont eux qui sont les pasteurs légitimes. Avec eux, Jésus-Christ demeure jusqu'à la fin des siècles, pour les garder de toute erreur dans l'enseignement.

(1) S. Mathieu.

Aussi, quelle *Unité* remarquable, parfaite, découle de cette *voie d'autorité divine !* Comme c'est beau, comme c'est grand, comme c'est miraculeux ! Partout en effet la même foi, la même doctrine ; à Rome, à Paris, en Chine, en Asie, en Afrique, partout le même enseignement religieux véritable, celui du rè-présentant de *Jésus-Christ* lui-même; partout le même culte !

Ce spectacle grandiose suffirait à lui seul pour me faire conclure que, de toutes les religions, la seule vraie, c'est la RELIGION CATHOLIQUE, APOSTOLIQUE ET ROMAINE.

III

Le Pape

J'ai prouvé dans le chapitre précédent qu'obéir au *Pape,* c'est obéir à Dieu. Mais je veux encore ajouter quelques mots sur le même sujet, car on croit trop souvent avoir tout dit quand on a affirmé que le *Pape* est un *homme* comme les autres !...

C'est là une nouvelle et profonde erreur.

Que penserait-on d'un soldat qui dirait : Je veux bien obéir à l'empereur, ou roi, ou président de la République; mais je n'obéirai jamais ni à mon général, ni à mon colonel, ni à mon capitaine ; car ils sont *sujets* tout comme moi.

La réponse serait facile à trouver.

Oui, il est vrai, l'Eglise est composée d'*hommes ;* le pape, les évêques, les prêtres sont des hommes. Mais ce sont des hommes que Jésus-Christ même a revêtus de la puissance spirituelle et de l'autorité divine. Et à cause de cela, *ce ne sont point des hommes comme les autres.*

Les Apôtres, qui furent les premiers évêques de l'*Eglise*, ont été envoyés aux hommes par Jésus-Christ comme d'autres *lui-même.* Leur obéir, ce n'est pas obéir à des hommes, mais à Dieu, à Jésus-Christ. Ce n'est pas à l'homme que l'on se soumet, c'est à Dieu, qui exerce par lui son autorité sur nous. Aussi l'Eglise enseigne-t-elle qu'en matière d'obéissance religieuse, il ne faut point faire attention aux qualités personnelles du Pape ou de l'évêque ou du prêtre, mais seulement à son autorité légitime, à son caractère de Pape, ou d'évêque, ou de prêtre.

En effet, les *défauts* d'un prêtre ne pourraient diminuer dans les cœurs le respect qui est dû à la religion, car ces faiblesses étant le fait de l'*homme* et non du prêtre, ne sauraient atteindre le sacerdoce divin dont ce prêtre est revêtu.

Telle est la véritable doctrine de l'Eglise.

Il faut donc obéir au Pape.

CHAPITRE TROISIÈME

LA PAPAUTÉ

ET LE COMTE DE BISMARCK

La Papauté et le comte de Bismarck

Aujourd'hui le successeur de saint Pierre est PIE IX.

PIE IX ! A ce seul nom, qui donc ne se sent touché, profondément attendri !

Ah ! pour moi, je suis fier et heureux de le dire hautement, mon cœur vole vers Pie IX, séduit qu'il est par la perfection morale, la plus grande des beautés qu'il nous soit permis de contempler. Quelle douceur, quelle bonté, quelle auguste piété chez ce vieillard vertueux que le malheur ne saurait abattre parce que son âme se repose en Dieu ! Quel contraste entre ce saint homme et quelques-uns de nos grands contemporains ! et que penser de ceux qui raillent sa faiblesse, parce qu'ils aiment à ramper devant la toute-puissance et à lécher les bottes des maîtres de la terre !

Les difficultés terribles du temps où nous vivons

m'empêchent de pouvoir dire, ici, tout ce que je pense ; mais me serait-il donc interdit d'appeler, de convoquer le monde entier à constater le plus beau, le plus grand, le plus rare des spectacles !

Le *comte de Bismarck*, le puissant du jour, entré en campagne contre Rome après en avoir fini avec Paris, n'a en face de lui qu'un homme pour faire obstacle à ce rêve qu'il tend à réaliser, d'une Europe *prussiannisée;* cet homme est tout ce qu'il y a au monde de plus faible, un vieillard ! tout ce qu'il y a en notre siècle peut-être de moins respecté, un prêtre ! Mais dans ce vieillard qu'appelle la tombe et dans ce prêtre devenu un étranger dans sa propre maison, Dieu a mis l'âme et la foi de saint Ambroise, Les canons *Krupp* ne sauraient porter jusqu'aux cieux pour atteindre cette foi, et les ressources de la diplomatie du grand chancelier allemand n'ont pu tromper cette âme lumineuse et droite qui voit clair dans les consciences troublées ! Ceux qui demandent des miracles peuvent-ils nier celui-là ? Quel miracle en effet que celui d'un roseau contre lequel vient se briser un rocher ! Ce spectacle de la vertu, de la foi et du droit luttant dans un isolement absolu, sans désespérer et sans jamais rien céder, arrache ce témoignage éclatant à un adversaire de la Papauté :

« Quelle que soit l'opinion que l'on professe, s'est
« écrié un jour le *Journal des Débats*, il est impos-
« sible de ne pas admirer la fermeté de ce vieillard
« plus qu'octogénaire qui, tout en confondant l'Eglise
« avec la Curie romaine, la religion avec la politique,
« la mission évangélique du St-Siége avec ses droits
« temporels, lutte avec une puissante énergie contre
« presque tous les gouvernements de l'Europe. C'est
« un spectacle saisissant de voir ce Pape désarmé,
« dépouillé et réduit à tendre la main aux fidèles,
« combattre, condamner, annihiler les actes des plus
« puissants rois de la terre. »

Je sais tous les égards qui sont dus à M. *le comte
de Bismarck* et ce n'est pas moi qui voudrais y manquer, j'aime trop mon pays ! Mais, encore une fois,
ne puis-je, ne dois-je pas prévenir mes compatriotes
des piéges dans lesquels ils peuvent tomber ?...

Il n'est douteux pour personne que la préoccupation constante, ardente du chancelier d'Allemagne ne
soit l'affaiblissement moral autant que matériel de la
France, car si les autres nations nous savent indispensables à l'équilibre européen, nous ne sommes, au
contraire, pour lui qu'un grand obstacle à ses rêves de
domination et de conquête. Aussi, jamais ne serons-
nous assez bas ! Or, pour atteindre ce but, tous les

moyens sont bons au diplomate allemand; et aujour-
d'hui que, grâce à l'éveil de l'Europe, les questions
politiques ne pourraient être impunément soulevées,
il se rejette avec passion sur les questions religieuses.
La France, par ses traditions, étant considérée comme
le rempart de la catholicité, le comte de Bismarck
sait très-bien qu'en s'attaquant à la Papauté il s'attaque du même coup à la France; il sait très-bien
que frapper le Pape, c'est nous frapper. A cet égard,
qu'on ne se fasse pas illusion, la haine du chancelier contre Rome n'a d'autre principe que sa haine
contre nous. Donc, pour éviter le danger, que faire?
Par dessus tout, quand on est Français, à quelque
parti qu'on appartienne, quelque foi religieuse que
l'on professe, se garder d'approuver l'audacieuse en-
treprise du comte de Bismarck contre la Papauté.

Oui, qui que nous soyons, ne laissons jamais aller
à Berlin la plus légère de nos sympathies. Accroître
moralement la force de notre plus cruel ennemi serait
un crime de lèse-patrie, et aucun d'entre nous ne
voudrait s'en rendre coupable. Comment, d'ailleurs,
nous serions plus forts parce que la Papauté succom-
berait! Allons donc! qui oserait le soutenir! Si l'influence du Pape dans le monde entier est si grande,
si légitime, n'est-ce pas nous les premiers qui en re-

cueillerons sans cesse tous les avantages, nous qui, en ayant toujours bénéficié, l'avons appuyé de notre argent et de notre sang ! Le Pape heureux, la France est forte, qu'on lise l'histoire...

Donc pas d'hésitation : entre Berlin et Rome, entre la force et le droit, le choix est tout fait.

Je dis le droit, sans m'expliquer davantage, parce que je crois plus que jamais au faible contre le puissant. Il fut un temps, je l'avoue, où je croyais sincèrement à la force ; ce temps n'est plus. Je n'ai que trop vu des faibles l'emporter sur des forts, et comme je crois en Dieu je crois en sa justice. Aussi quand, en 1870, je vis la dynastie de mes affections et de mes rêves crouler et disparaître, je m'inclinai avec douleur, me demandant pour la première fois de ma vie si l'abus de la force n'avait pas attiré la justice de Dieu. Et cependant que de grandes choses accomplies ! Oui, je le répète, en ce moment la force est à Berlin ; personne, hélas ! parmi nous n'en doute plus ; mais qu'importe ? à cause de cela, espérons, espérons !

Ah, Monsieur le comte de Bismarck, vous aviez annoncé depuis longtemps ce que vous feriez si la force jamais se prononçait pour vous. Me sera-t-il permis ici de vous rappeler certains souvenirs qui justifieront tout ce que je viens d'écrire ?...

En 1848, quand la révolution éclate à Berlin, vous vous précipitez dans la lutte, vous briguez et obtenez le mandat de député, vous vous présentez à la Chambre et, dans votre haine profonde pour la démocratie, vous commencez votre premier discours par ces mots :

Il faut que les grandes villes disparaissent par le fer et le feu, car ce sont des foyers d'anarchie.

Grâce à la force, vous avez réussi et tenu parole.

Une autre fois, répondant à un député qui vous met en demeure de formuler votre programme politique, vous dites :

Ma politique est bien simple, il y a la démocratie et l'armée, il faut que l'armée fusille la démocratie.

Grâce à la force, vous réussissez encore et tenez parole.

Mais enfin les temps devraient-ils changer ?... La justice de Dieu parlerait-elle ? Voyez où vous en êtes de votre lutte avec Rome : les églises se ferment, vos évêques, vos prêtres vont, les uns en prison, les autres en exil ; mais, ô justice divine, la question n'avance pas... et la CHAIRE DE SAINT PIERRE RESTE TOUJOURS DEBOUT !... Est-ce un avertissement ? est-ce le commencement de la débâcle !

Que voulez-vous, Monsieur le comte, si vous

l'oubliez, il faut bien vous le redire avec Louis XIV et Napoléon qui en savaient quelque chose, LES PAPES MEURENT, entendez-vous, MAIS NE SE RENDENT PAS !

CHAPITRE QUATRIÈME

I

RAPPORTS DE L'ÉGLISE ET DE L'ÉTAT

II

LE CLERGÉ

I

Rapports de l'Eglise et de l'Etat

La QUESTION CATHOLIQUE est bien la grosse question
du jour et M. Guizot ne pourrait plus affirmer, comme
autrefois, que c'est une simple querelle de *cuistres et
de bedeaux*. Ce n'est plus même simple affaire de
concurrence entre les séminaires et les colléges. C'est
une discussion bien plus vaste et bien plus haute :
celle des *Rapports généraux de l'Eglise et de l'Etat*.
Je tranche le mot, c'est cette admirable question du
Sacerdoce et de l'Empire qui ne finira qu'avec le monde
et qui revient surtout à toutes les époques mémorables
de l'histoire : au siècle des Pères, au siècle des Croi-
sades, au siècle de Louis XIV, au siècle de Napoléon.

Cette lutte est douloureuse, mais il me semble
impossible qu'elle ne soit pas féconde. De nos jours,

elle peut forcer les hommes politiques d'étudier la religion, dès à présent elle force les catholiques de pratiquer la liberté. Si plus tard elle venait à remuer profondément, mais pacifiquement le pays, il ne faudrait pas en gémir : il est bon qu'un grand peuple soit préoccupé de grandes choses.

Voici comment on peut poser la question :

L'Eglise ne peut pas varier dans ses dogmes, dans ce qui constitue la foi dont elle est dépositaire et qu'elle est chargée de perpétuer *dans toute sa pureté*, à travers les âges ; si elle variait dans ces dogmes et dans cette foi, il y aurait un mal immense, car l'Eglise catholique cesserait d'être elle-même, et *son droit,* comme son devoir, *est de rester telle que l'a instituée son divin auteur*.

Mais s'il est vrai de dire que l'Eglise catholique ne peut pas varier dans ses dogmes et dans ses *véritables droits*, peut-on en dire autant des simples *pratiques ?* Ses *prétentions* peuvent-elles être confondues avec les *droits ?*

Et l'Eglise elle-même, l'Eglise universelle ne doit-elle pas être soigneusement distinguée de ceux qui la font parler, pour accréditer leurs idées particulières et pour donner un libre cours à leurs intérêts ou à leurs passions ?

Telle est la QUESTION, et comme on le voit, difficile s'il en fût, et délicate.

Mon intention n'est pas de la traiter; en la signalant, je n'ai voulu que rester fidèle au programme que je m'étais tracé, de ne laisser de côté aucune des questions capitales du jour.

Je vais simplement exposer les quelques réflexions qui s'imposent à mon esprit.

Tout se réduit, dans cette grande question, à savoir jusqu'où vont les *véritables droits de l'Eglise.*

Or, l'Eglise enseigne qu'elle est libre comme la conscience, autonome comme la vérité; qu'elle a reçu directement d'en haut ce pouvoir de se régir elle-même; que sa hiérarchie est instituée de Dieu, et qu'en dehors de cette hiérarchie, il n'y a dans son sein que des laïques, c'est-à-dire des gouvernés. Ce sont là des notions élémentaires.

Mais si donc l'Eglise est autonome, si dans l'ordre spirituel elle ne dépend que d'elle-même, si sa hiérarchie est la reine des âmes, c'est-à-dire la reine des intelligences (car c'est tout un), qui donc saura mieux qu'elle ce qu'elle est et jusqu'où s'étend ce domaine de la conscience qui est le sien? Qui donc a caractère, qui donc a autorité pour lui dire : ici finit l'esprit; tu viendras jusqu'ici et tu n'iras pas plus loin?

Il n'est pas, je crois, de question plus formidable que celle-là.

S'il est en effet sur la terre une puissance qui ait caractère pour donner le démenti à l'Eglise, pour lui imposer silence, fût-ce en matières mixtes, en d'autres termes, pour tracer les limites de l'ordre spirituel, l'Eglise est manifestement à la merci de cette puissance : la conscience du genre humain est livrée au bras séculier; c'est tomber sous le joug de l'autocratie russe ; l'*Etat se fait pape*.

D'autres, je le sais, pourront me répondre que si l'Eglise est maîtresse des questions mixtes, si elle trace elle-même ses limites, elle décide dans sa propre cause, elle est juge et partie, elle est souveraine, en un mot, c'est la *théocratie*. Cela m'effraie peu. J'admets que dans le champ des hypothèses, les deux alternatives se compensent; en fait, dans le temps où nous vivons, qui ne voit combien l'une est cent fois plus imminente et plus grave que l'autre? Qui donc croit sérieusement aux dangers actuels du papisme? Qui osera nier que d'autres despotismes ne soient plus près de nous que le despotisme sacerdotal? On crie, on crie beaucoup contre les empiétements de l'Eglise; mais on n'y croit guère, on sent trop bien qu'au dix-neuvième siècle la théocratie est palpablement impossible. Pour moi, malgré une foi religieuse ardente, je suis loin d'être ce que l'on est convenu d'appeler un *ultramontain*; mais s'il me fallait, en vérité, choisir entre la *théocratie* ou *l'autocratie*, je choisirais, je crois, la théocratie. Celle-ci, au moins, serait invinciblement tempérée par le caractère même de la loi évangélique, tandis que pour l'autre il n'y aurait plus de frein, même de frein moral, et dans ce cas, qui empêcherait que le monde ne devint une prison ! Qu'on jette les yeux sur ce qui se passe tout près de nous !...

Mais enfin, qui donc tracera la démarcation du spirituel et du temporel ? Sera-ce l'*Eglise!* Sera-ce l'*Etat!*

L'un et l'autre, d'une commune voix! répondrai-je, laissant à d'autres plus instruits et plus expérimentés que moi le soin d'approfondir et de vider cette haute question.

Ce spectable admirable a été donné au monde au XIIe siècle, quand le concordat de Calixte II et de Henri V, adopté par l'Empire à la diète de Worms et confirmé par l'Eglise dans le concile œcuménique de Rome, mit fin à la guerre des investitures et dégagea l'Eglise des serres de l'Empire, sans amoindrissement aucun de la prérogative monarchique.

Voilà comment le nœud se dénoue quand toutes choses sont dans l'ordre, quand l'Etat croit ce que Dieu enseigne par la voix de l'Eglise ; car enfin, pour les esprits de bonne foi, l'Eglise n'a rien inventé, elle n'enseigne rien qui ne vienne de Dieu. Mais quand l'Etat ne croit plus à l'Eglise, le glaive, le glaive seul tranche ce que devrait dénouer la sagesse et, qu'on le remarque, cela ne finit rien. Rien, car l'Eglise a la vie dure, elle regarde passer quiconque lui fait violence et, comme la mère du Sauveur au pied de la Croix, elle demeure debout : *Stabat mater !*

II

Le Clergé

Avec quel bonheur je salue le Clergé, et comme il me tardait, en présence de tant d'attaques passionnées, de lui présenter l'hommage de mon respect et de mon dévouement !

En vérité, quels modèles de probité, d'abnégation, de sacrifices que tous ces prêtres catholiques, et comment ne pas s'incliner devant les mérites de tous ces gens de bien. Certains cependant s'y refusent, et ce n'est pas là, certes, le moins désolant des spectacles qu'il nous soit donné de contempler dans ces tristes temps de préjugés et de troubles.

Grand Dieu ! que font donc ces hommes, si ce n'est prêcher et pratiquer la morale chrétienne la plus parfaite ! On crie, je le sais, à leur esprit de domination, d'envahissement ; mais, je le demande, qui peut s'y méprendre ? Quand le clergé a-t-il été plus pauvre, plus modeste, moins dominant à tous égards ? A Rome, depuis un siècle et plus, quelle mansuétude ! Quels pontifes effrayants que Benoit XIV, Clément XIV, Pie VI, Pie VII, Léon XII, Pie VIII, Grégoire XVI, Pie IX ! Et si je ramène mes regards sur la France, quel épiscopat et quel clergé plus simples et plus évangéliques, plus nationaux que l'épiscopat et le clergé français ! Quels envahisseurs, grand Dieu !

On a supposé des arrière-pensées politiques, et comme je n'écris que ce que je pense, j'avouerai, en effet, qu'il fut un temps où ce reproche pouvait paraître fondé. Moi-même, j'étais profondément ému et c'est avec tristesse que je constatais cet abandon et cet oubli. Mais l'erreur a été vite reconnue et réparée, et il ne saurait plus être question d'un entraînement qui était devenu général. L'immense majorité du clergé accepte les gouvernements établis *non modo propter iram, sed propter conscientiam,* comme parle l'Apôtre. Cela est notoire pour quiconque a vécu avec le clergé.

Je ne crains pas de faire un appel à tous les hommes qui, de près ou de loin, ont manié les affaires publiques depuis de longues années ; je leur demande si la cour de Rome n'est pas, de toutes les cours européennes, celle qui a maintenu avec nos gouvernements les meilleurs rapports, les rapports les plus constants ; je leur demande surtout si, malgré tout, envers et contre tout, ce n'est pas à Rome que ces gouvernements ont trouvé les sympathies les plus sincères, dans les jours difficiles et malheureux.

Il n'y a donc à l'égard du clergé, comme à l'égard de la religion, que des préventions et des prétextes ; préventions et prétextes que l'on met en avant pour excuser et favoriser des desseins inavouables. On voudrait un catholicisme eunuque, on voudrait faire de l'Eglise une femme de ménage et rien de plus. Voilà la vérité, et comment alors des gens de cœur tels que les prêtres catholiques pourraient-ils accepter une semblable situation? Cela ne saurait être, qu'on le reconnaisse, ce n'est pas possible.

Je n'exagère pas. On laisserait l'Eglise élever ses prêtres, mais la voilà qui voudrait élever ses fidèles. Quelle rage de domination, quelle énormité !... On veut bien qu'elle ait charge d'âmes, mais on la déclare déchue de toute action sur les intelligences. Et l'on dit aux évêques : tout va bien, rentrez dans le sanctuaire, *l'honneur du clergé n'est pas en jeu.* Dérision !

Ce que je demande pour l'Eglise, c'est *le droit commun...* RIEN DE PLUS.

Et maintenant, puisque je me suis permis de parler d'abandon et d'oubli, je veux et dois m'expliquer. Je m'adresserai au clergé lui-même, et avec humilité, certes, mais avec la plus entière franchise, je lui dirai :

Vos droits à l'organisation temporelle de votre pays sont incontestables ; mais, croyez-en votre meilleur ami, puisqu'on vous les conteste avec tant d'acharnement, faites-en le sacrifice momentané, et plus que jamais vous aurez bien mérité de la patrie. Le peuple vous aime, voyez-vous, et le peuple c'est tout ; plus j'étudie, plus je travaille, plus je me souviens, et plus cette vérité m'apparaît lumineuse et éblouissante. Donc, veillez-y. Il mérite d'ailleurs une attention spéciale pour son courage et pour son cœur. Je l'ai déjà dit et je le redis ici, le peuple est le premier à vous défendre, le premier à protéger nos temples. Et si l'on m'opposait des souvenirs néfastes, je répondrais toujours : Non, mille fois non, le peuple n'est pour rien dans ces crimes abominables qui ont ensanglanté les derniers jours de notre histoire ; des voleurs, des assassins ! il y en aura de tout temps et l'humanité n'est pas près d'en voir disparaître l'épouvantable race. Donc, vous aussi, tout pour le peuple et par le peuple, c'est là qu'est notre sauvegarde, c'est là d'ailleurs qu'est le nombre. Eh bien, puisqu'on a persuadé à une grande partie de ce peuple que vous n'êtes point des citoyens comme les autres, faites aux malheurs et aux injustices du temps le sacrifice que je sollicite. Ah ! loin de moi la pensée de faire de ce libéralisme facile, vulgaire et lâche, qui court après une popularité malsaine ; cette popularité, j'ai su toute ma vie en faire bon marché, qu'on me passe l'expression : je ne dis donc que ce que je pense et que ce que je crois être la vérité. Et, en effet, le peuple ne raisonne pas, il ne comprend pas toujours, mais il saisit admirablement les contradictions dans lesquelles on le place. Aussi quand on lui fait chanter *Sauvez Rome et la France*, qu'on lui apprend que *Rome et la France* ne seront sauvées que par la rentrée d'un certain prince, et qu'au même instant la cause de ce prince tombe vaincue, écrasée dans le parlement, que bientôt après surgit, et légalement, une constitution républicaine ; oh alors, ce peuple fidèle, crédule, docile se prend à réfléchir, il cherche à se reconnaître, il s'interroge et interroge, il doute et, malheur irréparable, sa foi s'ébranle, baisse et s'éteint, car Dieu lui apparaît sourd et impuissant.

Membres du clergé catholique, au nom de la religion, au nom de vos plus dévoués amis, qui eux écoutent, discutent et souffrent, abstenez-vous en grâce de vous mêler à nos luttes intestines, à nos discordes, à nos haines. Conservez intacte et pure la haute mission dont Dieu vous a investis, et restez pour nous les guides de la conciliation et de la fraternité. Oui, oui, priez, priez sans cesse pour la France et pour Rome ; mais laissez, laissez à Dieu seul, le choix des moyens pour sauver Rome et la France.

Ce langage pourrait vous paraître osé, quoique sincère et juste ; j'ai donc hâte de le mettre sous le patronage d'un de mes plus bienveillants et plus constants amis, Mgr Ramadié, évêque de Perpignan.

Lisez ce passage admirable d'une lettre de Sa Grandeur sur les *Devoirs du clergé catholique dans les circonstances présentes* :

« Sans doute les intérêts de la patrie nous sont

chers, nous leur devons nos plus vives sympathies. Saint Paul se glorifiait d'être citoyen romain, il en réclamait les droits ..

« Mais si incontestables que soient les droits civiques du prêtre, ils sont limités par les devoirs de sa charge.

« Etabli pour sauver les âmes et, s'il est possible, toutes les âmes de sa paroisse, convaincu qu'il ne peut pas leur être utile s'il n'en est pas aimé, peut-il se concilier l'attachement de tous et la confiance générale, s'il ne reste pas étranger aux divisions qui partagent sa famille spirituelle ! »

CHAPITRE CINQUIÈME

I

L'EMPEREUR ALEXANDRE II
DE RUSSIE

II

LES TRAITÉS DE 1815

I

L'Empereur Alexandre

« Très-saint prélat, j'ai vu avec la crainte d'un
« faible mortel, mais avec l'espérance d'un chrétien
« fidèle, approcher le moment le plus décisif de ma
« vie. Incertain de ce que la Providence m'avait ré-
« servé, j'avais affermi mon âme par un vœu religieux
« et j'attendais avec résignation la volonté de Dieu.

« Il a plu à la divine Providence de me faire
« goûter le bonheur d'être père ; elle a bien voulu
« conserver et la mère et le fils. L'expression de la
« reconnaissance, qui n'est pas nécessaire à Celui qui
« scrute les cœurs, devient indispensable pour celui
« qui en est pénétré. Le vœu que je m'empresserai de
« remplir est d'ériger, sous l'invocation d'*Alexandre*
« *Newski,* une chapelle dans l'église de la *Nouvelle*

« *Jérusalem*. C'est l'humble offrande d'un père heu-
« reux qui confie au Tout-Puissant son bien le plus
« précieux, la destinée de sa femme et de son fils.

« Vous, Eminence, vous serez mon aide, mon guide
« dans l'accomplissement de ce vœu si cher à mon
« cœur. Que de ferventes prières, pour la mère et le
« fils, soient adressées au Ciel au pied même de cet
« autel élevé par la reconnaissance d'un père. Que le
« Tout-Puissant prolonge leurs jours pour leur bon-
« heur, pour le service du souverain, pour l'honneur
« et le bien de la patrie! »

Cette lettre fut adressée, le 29 avril 1818, par
l'empereur Nicolas à l'archevêque de Moscou pour
lui notifier la naissance du prince qui devait être
Alexandre II. Aux circonstances solennelles, l'empereur Nicolas exprimait toujours, dans un style plein
de majesté et comme empreint d'une inspiration de
prophète, les grands sentiments dont il était pénétré.

Les vœux formés par l'empereur Nicolas en faveur
de son fils ont été exaucés. Nul souverain n'a plus
fait *pour l'honneur et le bien de sa patrie* qu'A-
lexandre II. *Pierre-le-Grand* avait introduit la
Russie dans le concert européen, Alexandre II l'y a
maintenue; de plus, par les glorieuses réformes qui
ont signalé son règne, il a brisé les obstacles qui

l'empêchaient d'y jouer un rôle moral prépondérant, en sorte qu'aujourd'hui tous les regards se tournent vers l'empereur de Russie comme vers l'arbitre suprême de l'équilibre occidental.

L'éducation d'Alexandre II l'avait merveilleusement préparé à cette mission. Son père y présidait en même temps que sa mère : la sévérité austère tempérée par la tendresse indulgente et douce. Il eut d'abord pour gouverneur le général *Mœrder,* homme d'une capacité éprouvée. Alexandre Ier, dont ce général avait été le compagnon d'armes, le tenait en haute estime; il l'amena à Paris en 1815. Le général Mœrder s'appliqua surtout à former dans le jeune prince l'esprit de la raison.

Joukowsky lui succéda. Sous l'influence de ce poète au talent élevé et délicat, Alexandre développa en lui les qualités de l'imagination et du sentiment. Joukowsky, qui fusionnait si bien dans ses œuvres le génie slave et le génie occidental, apprit à son élève à aimer son pays et à estimer l'Europe. Nul doute qu Alexandre II n'ait déjà puisé dans cette initiation première la conviction que la destinée de la Russie n'était point, comme on le prétend quelquefois, d'agir exclusivement sur l'Orient, mais qu'elle devait encore et surtout prendre une place de plus en plus large au

foyer de l'Occident et se mettre en mesure d'y exercer un arbitrage puissant. Tout ce qu'Alexandre II a
fait depuis son avénement au trône a convergé vers
ce but : en régénérant la Russie, en brisant les institutions traditionnelles qui l'isolaient moralement de
l'Europe, il a secoué ce qui, aux yeux de beaucoup de
gens, assimilait le tzar à un souverain asiatique, pour
lui imprimer le caractère d'un grand monarque européen.

M. Léouzon le Duc, dans une remarquable étude
sur les cours européennes, s'exprime en ces termes
sur l'empereur de Russie :

« Alexandre II, pendant une phase de son existence,
« s'est montré mélancolique et rêveur. Rien ne l'in-
« téressait des splendeurs qui l'entouraient ; il vivait
« retiré, absorbé en lui-même, l'esprit comme perdu
« dans les nuages. La mélancolie le reprend parfois ;
« il est évident qu'indépendamment des causes exté-
« rieures, elle tient beaucoup à sa nature. Mais
« n'est-ce point là le symptôme d'un esprit pacifique?
« L'homme de fer et de sang ne rêve pas.

« Alexandre II n'en est pas moins prévoyant et
« pratique. Il ne lâchera point la proie pour l'ombre ;
« et tout chevaleresque qu'il soit, il n'ira point figu-
« rer dans un tournoi pour le simple plaisir de la

« parade. Avant tout, il vise l'intérêt de son empire,
« son intérêt dans le présent, son intérêt dans l'ave-
« nir ; tout ce qui ne se rapporte pas à cette visée le
« laisse froid. Si la Russie doit en bénéficier, il n'hé-
« sitera pas à intervenir souverainement et même à
« tirer l'épée ; en dehors de là, il offrira peut-être
« une médiation bienveillante, jamais un concours
« effectif.

« Certains publicistes s'extasient sur ce qu'Alexan-
« dre II n'a pas profité des complications européennes
« créées par la guerre de Syrie, par la guerre de la
« Prusse contre l'Autriche et d'autres évènements
« pour se jeter sur l'Orient, et ils trouvent dans
« cette abstention un argument de plus en faveur de
« ses sentiments pacifiques. C'est naïf. Alexandre II
« est *trop fier, trop loyal* pour avoir pu songer à
« des entreprises qui eussent eu l'air d'un guet-apens.
« D'ailleurs, il se fût exposé ainsi à tomber en sus-
« picion et à perdre son prestige. Ajoutons qu'A-
« lexandre II avait pris très au sérieux ces mots
« inspirés par lui au prince *Gortschakoff :* LA RUSSIE
« SE RECUEILLE. Or, pour un pays comme la Russie,
« le recueillement devait être long ; il lui importait
« de reculer le plus possible l'heure de l'action. »
Dire qu'Alexandre II n'a retiré aucun profit des

dernières complications européennes serait inexact.

En 1870, le gouvernement impérial et la France croyaient avoir des raisons de compter sur lui, dans la lutte contre l'Allemagne. Il leur manqua et la déception fut amère. Peut-être le fils de *Nicolas* entrevoyait-il dans la défaite possible de la France, la vengeance de Sébastopol. En tout cas, il a saisi l'occasion pour rétablir son ancienne position dans la mer Noire. Mais il faut le reconnaître, la révision du traité de 1856 n'a point été de sa part une affaire de surprise ; toutes les puissances ont été appelées à y concourir, et l'acte final qui la consacre porte la signature de la France.

Cette révision au milieu de la tempête qui nous écrasait a soulevé chez nous un sentiment pénible. Aujourd'hui, il faudrait s'en réjouir. Grâce à elle, en effet, les griefs et par suite les ressentiments de la Russie contre la France ont été effacés, les vieux comptes réglés ; en sorte que, dans les conseils où s'agitent les affaires de la France, Alexandre II, dégagé de toute préoccupation d'intérêt personnel, n'a plus à s'inquiéter que des intérêts généraux de l'équilibre européen.

M. *Léouzon Le Duc* raconte qu'Alexandre II, n'étant encore que grand-duc, visitait souvent la

Finlande, et toujours dans un esprit de conciliation et de paix. Par sa douceur, son aménité, ses concessions opportunes, son dévouement éclairé pour tout ce qui était intelligence et progrès, il calmait vite les froissements que produisait sur les Finlandais l'humeur parfois trop brusque et trop fantasque du prince Menschikoff, gouverneur général du grand-duché.

Aussi les Finlandais adoraient-ils le grand-duc Alexandre, ils le fêtaient avec enthousiasme. Voici quelques strophes d'une ode qui lui fut adressée pendant un de ses voyages en Finlande:

Oui, chaque femme de Finlande
Demande à Dieu, d'un cœur fervent,
Pour toi, Prince, ce que demande
Une mère pour son enfant.
Et, lorsqu'au service fidèle,
Jeune soldat il fuit loin d'elle,
Elle l'embrasse sans terreur,
Car elle sait, la pauvre mère,
Que tu veilleras comme un père
Sur cet espoir de son bonheur.

Elle sait qu'arbitre suprême
Tu juges sans sévérité,
Et que tu joins, père toi-même,
A la sagesse la bonté;
Elle sait que ton cœur oublie
Les jeunes erreurs de la vie,

Plutôt que de les condamner ;
Et qu'il n'est aucun cri de l'âme,
Aucun talent, aucune flamme,
Que tu n'aimes à couronner.

Tu connais le but de notre âme ;
Ce n'est plus, comme aux jours passés,
A travers le feu et la flamme,
De sauver nos toits menacés ;
Autour d'eux, de l'intelligence
Nous voulons verser la semence
Et les douces fleurs de la paix ;
Et jusqu'à la dernière aurore,
Prince que la Finlande adore,
Chanter ton amour, tes bienfaits.

Tels sont les sentiments qu'Alexandre II inspirait comme grand-duc et qu'il continue d'inspirer, comme empereur, à un peuple éclairé et aussi d'une certaine indépendance de caractère et d'esprit. Alexandre II s'est toujours fait un devoir d'y répondre : il est peu de réclamations formulées par les Finlandais, auxquelles il n'ait fait droit.

Récemment l'empereur Alexandre II était en visite à Berlin. On se demandait avec anxiété quelles seraient les conséquences de cette visite. Elles sont connues aujourd'hui, et grâce à la sagesse d'*Alexandre II*, la paix a été affermie.

On a pu remarquer à cette occasion un phénomène

bien rare, je veux dire le concert unanime de louanges et de marques de déférence décernées à l'empereur Alexandre par les journaux de Paris et de Berlin.

Divisées et hostiles sur tous les points, la presse allemande et la presse française se sont réunies sur ce terrain. Il est permis de voir dans cette émulation élogieuse un hommage rendu au caractère de l'empereur Alexandre, aussi bien qu'à l'influence arbitrale qu'il exerce sur les destinées de l'Europe ; ces deux choses, en effet, sont solidaires ; c'est par son caractère, par l'esprit qui a inspiré ces actes qu'Alexandre II a acquis cette influence, bien plus efficace et plus durable que si elle était due à un concours de circonstances. Personne ne l'ignore et ne le conteste : c'est par l'amour persévérant de la paix, le souci constant du bien de ses peuples, la recherche du progrès normal, l'abjuration de l'esprit de conquête que l'empereur Alexandre est arrivé à une position si haute, si sûre et si belle !

Il y a là un grand enseignement pour les hommes d'Etat contemporains. Mais il y a là aussi une garantie pour l'Europe. Cette action universelle, ce rôle de modérateur accepté et salué par tous, imposent de grandes obligations morales à celui qui en est revêtu. Le droit croît avec la puissance. Est-il besoin de dire

que l'empereur Alexandre a pleine conscience de ce
devoir et qu'il n'y faillira pas ? On peut donc être
assuré, rien qu'en se basant sur la connaissance du
caractère d'Alexandre II et de ses antécédents, que
son influence, ses relations personnelles, son activité
seront vouées à sauvegarder le premier des biens et
le plus légitime des vœux de l'Europe : la paix !

II

Les traités de 1815

Traité de Paris, 20 novembre 1815

« Le traité du 20 novembre 1815 est un des faits
« les plus importants de notre histoire nationale.
« C'est la France vaincue par la coalition européenne
« et subissant le démembrement comme la punition
« obligée de ses conquêtes antérieures, comme la ga-
« rantie de son impuissance dans l'avenir. Toutefois,
« jusque dans sa défaite, elle conserve une grandeur

« qui impose à ses ennemis, et elle réussit à éveiller
« des sympathies puissantes dans l'esprit de ceux qui
« semblent avoir juré sa perte. Elle a dans la Prusse,
« dans l'Autriche, dans les Etats secondaires des ad-
« versaires implacables; mais la Russie et l'Angle-
« terre, gagnées par les principes de civilisation qu'elle
« représente, par le prestige de son rayonnement in-
« tellectuel et comme par le charme de sa personna-
« lité morale s'attendrissent, s'émeuvent au spectacle
« de son infortune, et mettent leur honneur à la pré-
« server contre la logique des représailles. Il y a là,
« selon nous, un précédent qu'il faut méditer. *Le
« premier devoir d'un peuple vaincu est de garder
« un gouvernement régulier.* » (Sorel).

Mais j'envisagerai le traité du 20 novembre à un
autre point de vue. Nos désastres contemporains ont
été bien profonds ; est-ce à dire cependant que jamais
la France ne se soit trouvée dans une situation aussi
critique, aux prises avec des appétits conquérants aussi
illimités? Hélas ! notre génération imprévoyante a eu
tort de l'oublier. Cette revendication de l'Alsace et
de la Lorraine, qui a été le thème invariable de la
diplomatie prussienne depuis le 20 juillet 1870 jusqu'au 26 février 1871, elle n'était que la formule d'une
tradition politique persévérante, d'une passion popu-

laire non interrompue en Allemagne. En 1815, le chancelier de Prusse, prince de Hardemberg, et le baron de Humboldt avaient écrit des mémoires et des dépêches et produit sous diverses formes des prétentions dans lesquelles M. de Bismarck a puisé à pleines mains, un demi-siècle plus tard, pour réclamer *Strasbourg, Metz et la ligne des Vosges*. Le chancelier impérial de 1870 n'a pas mis en avant un argument nouveau : il n'a eu qu'à s'inspirer des actes et de la politique de ses prédécesseurs pour exécuter ces projets de démembrement qui nous ont surpris au milieu de notre légèreté présomptueuse.

Oui, en 1815, oui, la Prusse s'acharnait déjà à vouloir nous reprendre l'*Alsace* et la *Lorraine*. Voici un extrait du mémoire du chancelier de *Hardemberg*, remis aux gouvernements alliés le 4 août 1815 :

« Veut-on une paix durable et solide, comme on l'a
« annoncée et prononcée tant de fois, la France elle-
« même veut-elle une paix avec ses voisins ! Il faut
« qu'elle rentre dans sa défensive formée par l'art ou
« par la nature, et qu'elle rende à ses voisins la dé-
« fensive qu'elle leur a ôtée, c'est-à-dire, l'*Alsace* et
« les *forteresses des Pays-Bas,* de la *Meuse*, de la
« *Moselle* et de la *Saarre*. Si on ne la fait pas ren-
« trer dans ses limites, les nations voisines n'auront

« pas recouvré leur défensive contre la France, et
« l'avantage de la situation géographique et militaire
« de cet empire et la facilité qu'il gardera d'aller plus
« loin influeront tellement sur la politique, sur l'am-
« bition et sur le caractère de la nation, enfin sur
« son opinion publique et sur son cabinet, qu'il est
« à prévoir qu'aux premières circonstances favorables
« qui se présenteront, la France tâchera de rechef
« d'étendre ses frontières jusqu'au Rhin.

« Pour le bien de l'Europe, pour le bien de la
« France, ne laissons pas échapper le moment favo-
« rable qui se présente à nous pour statuer une paix
« solide et durable. Aujourd'hui nous le pouvons, la
« main de la Providence a visiblement amené cette
« occasion ; si on la laisse échapper, des torrents de
« sang couleront pour atteindre ce but et les cris de
« ces malheureux nous en demanderont raison. »

Dans un *memorandum* du 28 du même mois, août
1815, Hardemberg précisait ces conditions au prince
de Metternich :

« Au lieu de construire des forteresses, disait-il, il
« vaudrait mieux employer la contribution de guerre
« à soulager les peuples et se faire céder par la France
« ses forteresses *offensives*, que notre sûreté exige
« absolument et impérieusement. — *Condé, Valen-*
« *ciennes, Maubeuge, Philippeville, Charlemont,*

« *Givet* sont indispensables aux Pays-Bas, *Thion-*
« *ville* et *Saarlouis* à la Prusse, *Bitche, Landau,*
« *Huningue* à l'Allemagne du Sud, *Fort-Joux et*
« l'*Ecluse* à la Savoie, *Mézières, Sedan, Montmédy*
« doivent être rasés, *Strasbourg* doit redevenir une
« ville libre d'empire comme après le traité de *West-*
« *phalie.* Le chiffre de la contribution de guerre doit
« être fixé à *un milliard deux cents millions de*
« *francs.* C'est ainsi qu'en combinant avec un système
« d'occupation temporaire celui de quelques cessions
« permanentes, nous aurions au moins quelques sûre-
« tés contre les invasions d'un voisin turbulent et qui,
« depuis des siècles, a suivi avec conséquence l'esprit
« de conquête et de haine de l'*Allemagne.* »

Le mémorandum du chancelier prussien se termi-
nait par ces mots : « La France a provoqué la guerre,
« elle en doit porter le poids. Au lieu de bâtir des
« forteresses, qu'on en prenne. La France en cons-
« truira, si elle veut. Une guerre de résistance déses-
« pérée *comme la guerre d'Espagne* n'est pas à re-
« douter, la situation géographique et psychologique
« des peuples n'est pas la même ; d'ailleurs, l'Espa-
« gne était soutenue par l'Angleterre. Il n'y a pas de
« garanties morales possibles avec une génération
« élevée dans la révolution et qui demeurera révolu-
« tionnaire. . . . .

« L'arrogance et la suffisance ont pris chez elle la
« place de l'énergie et du caractère, la valeur celle de
« l'honneur, la *fidélité aux serments n'est qu'un jeu
« de mots* auquel elle se dit elle-même que les autres
« nations ne peuvent ajouter aucun prix. Avec une
« telle nation, les garanties morales n'existent pas et
« il faut avoir recours à d'autres mesures pour pou-
« voir espérer qu'elle restera tranquille. Si on ne prend
« que des demi-mesures, on se trouverait dans le cas
« d'avoir tout fait pour éveiller la haine et la ven-
« geance dans les cœurs, et rien pour leur ôter l'a-
« vantage de porter cette haine chez nous ; donc on
« pourra être sûr d'avoir à soutenir dans peu d'années
« une guerre terrible et dans une situation désavan-
« tageuse, pour avoir voulu éviter le risque d'une
« guerre sous des chances favorables pour nous. »

Eh bien, qu'on relise les dépêches de M. de Bismarck
du 13 et du 17 septembre 1870, et le compte-rendu
de l'entrevue de Ferrières dans le récit de M. Jules
Favre ; à cinquante années de distance, la Prusse
emploie les mêmes arguments pour faire valoir les
mêmes exigences. Il n'y manque que le célèbre mot :
*Strasbourg est la clef de la maison et il nous la
faut !*

La conclusion est facile. Les événements de 1815

auraient dû prévenir la France ! Elle a trop manqué d'attention, elle oublia même la haine qui maintenait les Allemands en armes contre le peuple qu'ils appelaient l'*ennemi héréditaire*.

Ah ! je le demande, si beaucoup de Français avaient su quelles passions fermentaient en Allemagne, s'ils s'étaient douté qu'à la théorie des frontières naturelles par *le Rhin* qu'enseignaient certains géographes français, les géographes allemands répondaient par la théorie des frontières naturelles par les Vosges ; s'ils s'étaient souvenu des revendications de 1815, s'ils avaient appris que l'Allemagne victorieuse serait implacable pour la conquête ; s'ils s'étaient rendu compte que l'Europe entière, attribuant à la France des ambitions sur le Rhin, laisserait sans indignation l'Allemand victorieux s'étendre sur les Vosges et la Moselle, auraient-ils, en 1866, parlé de la *revanche de Sadowa* ? Auraient-ils fait de l'unité allemande un cas de guerre avec la France? Auraient-ils, en 1870, joué sur un mouvement de colère, si légitime fût-il, les destinées de la patrie ! Auraient-ils enfin applaudi dans les théâtres les couplets du *Rhin allemand !* Puisse donc l'enseignement d'hier réveiller et éclairer enfin la conscience historique de la nation, puisse la France méditer et se souvenir !

Grand Dieu, quand on songe que la grandeur et la puissance de la Prusse sont en partie l'œuvre de la France ! Quand on songe qu'il s'est trouvé à Paris une presse soit-disant libérale pour soutenir, en 1866, que la cause de M. de Bismarck était celle de la liberté des peuples (*Siècle*, *Opinion nationale*), de l'affranchissement des consciences et même de l'influence française ! C'est à n'y pas croire !....

CHAPITRE SIXIÈME

I

LES RÉPUBLIQUES

—

(COUP DŒIL RÉTROSPECTIF)

II

LA RÉPUBLIQUE DES ÉTATS-UNIS

I

Les Républiques

—

(Coup d'œil rétrospectif)

La *République*, régime sous lequel, selon Napoléon, *il faudrait que les gouvernants fussent des dieux et les gouvernés des anges*, est un de ces beaux rêves dorés que toutes les imaginations généreuses ont caressé au printemps de la vie. Réaliser ce rêve, est-ce chose possible en France? Le passé a répondu : *non*. Le présent murmure : *peut-être*. L'avenir nous dira-t-il : *oui ?*

Je veux écarter toute prévention et raisonner sans fiel comme sans peur.

La France a été monarchique depuis qu'elle existe. Ses mœurs se sont formées sous de royales bannières et de glorieux drapeaux ; son principe de gouvernement héréditaire, approprié à ses idées comme à sa nature, a développé constamment une force si féconde, que chaque souverain a porté la France à un degré de puissance et de prospérité qui en a fait la première des nations.

Or, un grand peuple est comme rivé à son passé quand ce passé a fait sa gloire. La royauté, l'empire ont pu faire des fautes, et de grandes fautes ont été faites, je le reconnais ; mais quel est le gouvernement qui n'en saurait commettre ? Il y avait des abus à détruire, des renouvellements à s'imposer ; il fallait obéir aux exigences du temps ; mais le progrès n'est pas un changement et ne commande point une révolution ; en écoutant la sagesse, on devait améliorer ces régimes monarchiques ; en écoutant la justice, aurait-on dû les détruire !

On a reconstitué le pays, soit. En France, chaque phase qui se succède enfante de suite une constitution nouvelle ; mais par malheur ce vêtement de circonstance, n'étant jamais fait à sa taille, est peu après jeté au rebut.

Je rappellerai ici la lettre qu'écrivait un maire à son préfet, lors d'une de nos constitutions :

« Je vous adresse mon serment et celui de mon

« conseil à la nouvelle constitution ; veuillez être

« assuré que j'en ferai autant pour toutes les cons-

« titutions qu'il vous plaira de m'adresser. »

On prétend tout renouveler : mais pour que des institutions durent et s'améliorent, il faut non seulement que le présent y mette ses droits, mais que le passé s'y fasse sa part. On ne peut commander à ce qui viendra, lorsqu'on ne respecte pas ce qui a été.

Un arbre peut changer tous les ans ses feuilles, il ne change pas ses racines. L'orme ou le chêne étendent leurs branches ; mais ils demeurent chêne ou orme.

Notre ordre social est cet arbre.

On ne fait point une constitution ; elle se fait. Il y faut les leçons de la pratique et les épreuves du temps.

Qu'on écoute *Jean-Jacques Rousseau* :

« Si un législateur, se trompant dans un objet, éta-

« blit un principe différent de celui qui naît de la

« nature des choses, l'Etat ne cessera d'être agité

« jusqu'à ce que ce principe soit détruit ou changé, et

« que l'invincible nature ait repris son empire. » *(Contrat social)*.

Voici maintenant *Lamennais :*

« Une des plus dangereuses folies de notre siècle

« est de s'imaginer que l'on constitue un Etat et qu'on
« forme une société du jour au lendemain, comme on
« élève une manufacture. On ne fait point les sociétés ;
« la nature et le temps les font de concert... On écrit
« sur un morceau de papier qu'on est une *Monar-*
« *chie* ou une *République*, en attendant qu'on soit en
« réalité quelque chose. Mais il y a une loi immuable
« contre laquelle rien ne prévaut : toute société qui,
« étant sortie des voies de sa nature, s'obstine à n'y
« point rentrer, ne se renouvelle que par la dissolu-
« tion ; il faut, ainsi que l'homme, qu'elle traverse le
« tombeau pour arriver à la vie une seconde fois. »

Je citerai enfin Napoléon :

« Une charte n'est qu'une feuille de papier... On
« ne fait pas une république avec une vieille monar-
« chie. »

A la suite des grandes commotions révolutionnaires
et alors qu'un pays ne s'est pas replacé dans les conditions et nécessités de son existence, il s'établit je ne
sais quel pouvoir flottant qui, né du désordre, ne peut
vivre que hors de tout ordre, et qui, au milieu de
crises continuelles, ressemble au voyageur égaré dans
les catacombes après avoir perdu son fil et sa torche.

Le raffermissement de l'autorité, pas plus que les
transformations sociales, ne s'opère ni à la tribune, ni

au scrutin. Ce n'est pas enfin en marchant d'essais en essais et d'expériences en expériences qu'un grand Etat se consolide.

A l'heure actuelle, *la République* a remplacé la monarchie: qu'a-t-elle fait? Qu'on voie ses œuvres!

. . . .

Pour moi, à aucun prix ne voulant rien dire d'irritant, je ne constaterai que deux grands faits : quarante-deux départements sont toujours en état de siége et les grandes villes sont gardées par de véritables corps d'armée!

Voilà les révolutions ! Quel néant ! Tant de sang versé ! tant de sacrifices accomplis ! tant de dévouements complétés ! et pourquoi ?....

La veille du combat, la *liberté* harangue ; le lendemain, la *liberté* félicite ; et les jours d'après, où est-elle ?

On l'a vue sur les barricades, on l'a vue contre les barricades ; on l'a vue écumante, on l'a vue muselée. La liberté a mis l'ordre en déroute, puis l'ordre a mis en déroute la liberté ; on la fête, puis on l'étrangle. Et voilà près d'un siècle que cela se passe ainsi, sans que personne ouvre les yeux.

Pauvre peuple ! à quoi bon avoir remué tant de pavés, renversé tant d'omnibus, scié tant de beaux arbres et déchiré tant de cartouches ! La barricade est chose stérile. Les révolutions, en définitive, n'ont jamais été que des désastres où l'ouvrier perd son pain et la nation ses droits. Ce ne sont que des drames aveugles où la liberté n'est jamais en cause, et qui ne se jouent éternellement qu'au profit des ambitieux.

Ah ! quand la nation se redressera dans sa force et dans sa justice pour demander compte un jour à la révolution du bien qu'elle en a retiré, que répondra celle-ci devant les faits inexorables qui seront ses accusateurs ?....

« La révolution tombera, dit-on, quand elle aura « entièrement accompli la grande mission de ruine « et de mort dont elle a été chargée par la Providence, pour punir les crimes des peuples. » Soit ; mais est-ce là ce que les prôneurs de l'insurrection attendaient du grand œuvre de l'ère nouvelle ?

C'est en examinant qu'on s'éclaire. Il faut alors jeter les yeux sur le passé : les *républiques* ont été fatales aux peuples ; leur élément est le *désordre*. *M. Dufaure*, le garde des sceaux, disait le 14 décembre 1872 :

« Savez-vous ce qui nous crée une difficulté pour « le gouvernement que nous exerçons sous le nom • de république française? le voici : Dans notre longue

« histoire, il nous a toujours paru accompagné d'agi-
« tations permanentes, de prétentions toujours nou-
« velles, d'ambitions sans cesse croissantes, comme
« si toute république était un Etat turbulent, aspi-
« rant à passer des grandes et belles institutions de
« 1789 à celles de 92 et de celles de 92 à celles de
« 1793, pour ensuite se perdre dans le sang.

« Voilà le malheur attaché à ce nom. »

La République veut bouillonner! disait Lamartine.

La *République* fut l'enfance des sociétés. C'est sur
ce terrain des imaginations ardentes et des ambitions
effrénées, sur ce terrain de discordes et de tempêtes,
que les âges barbares exploitèrent l'humanité. C'était
un champ continuellement ouvert aux aveuglements
de l'enthousiasme et au délire des passions. Ainsi les
républiques anciennes, les républiques du moyen-âge
et nos récentes républiques. Qu'étaient Rome, Athènes,
Sparte, Gênes, Venise sous le prétendu régime de liberté? Chaque génie révolutionnaire pouvait y pré-
tendre à la puissance suprême au milieu de boulever-
sements successifs : qu'importaient les calamités publiques à qui en attendait son triomphe personnel!...

« *La République voulait bouillonner!* »

Le progrès en gouvernement amena la monarchie ;
las de la sphère des orages, on en vint à comprendre

7

qu'il fallait, pour la tranquillité générale, établir un pouvoir héréditaire et immuable qui ne pût être renversé à chaque instant, au vent des caprices populaires. On proclama donc la royauté, plus tard l'empire, non au profit d'une famille, mais dans l'intérêt du pays. Pour rendre ces institutions fortes et puissantes, on les entoura de tous les prestiges imaginables. Le sacre des souverains fut institué, afin que l'appui de l'Etre suprême parût se joindre aux volontés humaines. Le nom de *droit divin* entra dans le langage monarchique, non comme une vérité positive, quoi qu'on en ait dit, mais plutôt comme une poétique auréole ; puis vint le *droit populaire :* le *suffrage universel*, consacrant le pouvoir de la nation dans le choix de son maître. Alors la France de Saint Louis, de François 1er, de Louis XIV et des Napoléons eut de longues séries de gloire.

La *République*, en fait de gouvernement, n'est donc pas une voie progressive ; loin de là, elle n'est qu'un pas rétrograde. « Mais celle des *Etats-Unis*, ajoutera-t-on, s'est *maintenue* et *affermie*. Cela est vrai jusqu'à ce jour. « *C'est un gouvernement modèle.* » Ceci est beaucoup plus contestable ; et je vais répondre à ces deux points.

II

La République des Etats-Unis

Le pays des États-Unis est un pays naissant qui en est à ses premières institutions, auxquelles il manque la consécration des temps ; *et son gouvernement*, a dit M. de Tocqueville, *est bien loin d'être la meilleure forme de gouvernement que puisse se donner la démocratie* (1).

Le 4 mars 1789, la constitution américaine fut proclamée. Le fut-elle librement et légalement ? Non, la fraude seule l'emporta ; et le peuple ne l'eût jamais sanctionnée (car elle blessait trop d'intérêts) si on ne la lui eût imposée par un escamotage parlementaire.

« La majorité en faveur de la Constitution fut si
« minime, dit le grand-juge *Marshall*, président de
« la Cour suprême des États-Unis, qu'il y a lieu de

____

(1) *De la Démocratie en Amérique.* Tocqueville, t. Ier, p. 24.

« penser que si les votes n'avaient pas été surpris par
« l'influence des meneurs, la conscience publique,
« faisant justice du *peu de mérite de la Constitution*,
« ne l'eût jamais adoptée. Il est, en outre, très-diffi-
« cile d'affirmer que dans les États mêmes qui ont
« voté pour l'affirmation, la majorité du peuple fût
« en sa faveur. »

Un ami de *Washington*, le colonel See (1), écrivait :
« La plus forte partie du peuple est ouvertement en
« opposition avec le gouvernement. Les chefs mécon-
« tents déclarent hautement qu'il faut le renverser,
« abolir les dettes, partager les propriétés et se réunir
« à la Grande-Bretagne. »

« La société américaine, dit M⁰ Harriet Marti-
« neau (2), forme les premières pages d'un livre
« gros d'événements. Ces pages sont obscures et je
« n'y vois qu'une faible trace destinée au progrès...

« Ce pays se déclara libre, mais en insultant la
« liberté, car à côté de la vierge immortelle il faisait
« asseoir la servitude, comme si le maître et l'esclave
« pouvaient marcher de front, comme si le souffle de
« l'esclavage n'empoisonnait pas l'air de la liberté...

(1) Correspondance entre le colonel See et Washington.
(2) Volume II, page 254.

« Là, bien que le mot *égalité* se trouve inscrit sur
« toutes les portes, la fraternité est bannie de toutes
« les demeures. Là règne l'aristocratie de l'argent, la
« lèpre la plus hideuse d'une nation, car elle s'infiltre
« dans tous les membres du corps social, elle en bannit
« les sentiments les plus nobles, et le cœur de l'homme
« n'est plus qu'un sac où l'or seul a sa place...

« La *liberté* n'est qu'un mensonge pour elles (1). »

Je poursuis : cette terre, de création nouvelle, n'a
jamais connu les pompes de la souveraineté ni les éni-
vrements de la gloire. Elle est habitée par un peuple
flegmatique qui se contente de la monotonie de son
existence et qui n'aspire à rien de mieux. Cette
nation n'ambitionne ni la suprématie des arts, ni le
sceptre de la littérature, ni le laurier de la victoire.
La vie lui suffit pure et simple : cela convient à sa
nature, mais cela irait-il à la nôtre?.... On nous la
propose pour modèle : en voudrions-nous être là ?

Puis, que sont ses lois tant vantées? La *liberté* n'y
est qu'une déception comme en bien d'autres lieux.
Ainsi les présidents *Jackson*, *Taylor* et *Polk* ont plusieurs fois, à l'aide de leur *veto*, usurpé l'autorité d'un
monarque. A-t-elle proclamé cette *égalité* devant la

(1) *Esquisse d'une république.* Félix de Courmont.

loi qui doit être la base de tout gouvernement démo-
cratique? Voici M. de *Tocqueville*, un de ses chauds
admirateurs, qui répondra. Son opinion ne saurait
être suspecte :

« La législation civile et criminelle des Américains
« ne connaît que deux moyens d'action : la *prison*
« et le *cautionnement*. Le premier acte d'une procé-
« dure consiste à demander caution du défendeur ou,
« s'il refuse, à le faire incarcérer. On discute ensuite
« la validité du titre et la gravité des charges. Il est
« évident qu'une pareille législation est dirigée contre
« le pauvre et ne favorise que le riche. Le pauvre ne
« trouve pas toujours de caution, même en matière
« civile; et s'il est contraint d'aller attendre justice
« en prison, son inaction forcée le réduit bientôt à
« la misère. Le riche, au contraire, parvient toujours
« à échapper à l'emprisonnement en matière civile.
« Bien plus : a-t-il commis un délit? Il se soustrait
« aisément à la punition qui doit l'atteindre. Après
« avoir fourni caution, il disparaît. On peut dire que,
« pour lui, toutes les peines qu'inflige la loi se ré-
« duisent à des amendes. Quoi de plus *aristocratique*
« qu'une pareille législation ! (1) »

(I) Tocqueville, tome I, page 72.

On ne peut mieux constater l'*inégalité* des conditions dans la *République modèle*. Là, on n'est point à genoux devant le symbole de la *liberté*, mais devant celui du *veau d'or*.

La magistrature y est sans conscience; de la justice! de la compassion! fi donc! de l'or avant tout!

Au pays des spéculations, il faut, à tout prix, être riche. La pauvreté est hors la loi. Quant à couronner le mérite, on n'y couronne que l'argent.

L'orgueil de la naissance, ainsi que la corruption des mœurs, y est porté au plus haut degré. Est-ce une terre véritablement hospitalière? Non. On y a vu de malheureux étrangers abandonnés sans pitié sur une rive déserte et chassés du bateau où ils avaient payé leur place, parce qu'ils étaient malades et pauvres et parce que des passagers de rang élevé, mais sans cœur, craignaient qu'ils ne leur communiquassent leur mal.

Quant à la protection accordée aux arts, le peintre *Cale* se suicide, en ce riche pays, pour ne pas mourir de faim et de misère.

Et la liberté de la presse?... Elle a le sort de toutes les autres. Le citoyen *Morgan* fut précipité vivant, une pierre au cou, dans le lac *Ontario*, pour avoir dévoilé des secrets qu'il croyait funestes aux intérêts

de la République. La vie du grand écrivain *Fenimore
Cooper* a été un supplice perpétuel aux Etats-Unis.
Il cessa d'écrire pour se soustraire aux persécutions
et aux procès. Les journalistes qui osent exprimer
leur pensée sont presque toujours victimes des voies
de fait les plus outrageantes. Leur cabinet est un ar-
senal ; ils n'écrivent qu'environnés d'armes.

Mais je termine cette rapide étude par ce que disait
en 1871, dans le *North Américan Review*, un homme
d'État américain, M. *Jacob Cox* : « La flagornerie,
« l'adulation, la corruption et toute la honteuse sé-
« quelle des vices politiques, se répand du chef de
« l'État jusqu'au *rough* (la lie de la population)
« chargé de manipuler la matière première électo-
« rale à coups de révolver et à coups de poing...
« Avec le système en vigueur aux États-Unis, on
« ne saurait s'étonner que le spéculat ait envahi
« toutes les branches de l'administration et qu'un
« maximum de taxes donne un minimum de revenus.
« Députés et sénateurs, aussi bien que le président,
« sont les fauteurs de ces honteux désordres et il
« serait inutile de chercher les plus coupables ; il
« suffit de constater un *état de choses* sans parallèle
« *dans l'histoire des nations les plus corrompues !* »
Et l'on conseillerait, après cela, d'*implanter* la

République américaine sur le sol de la France monarchique! Il faudrait auparavant transformer entièrement le caractère français, éteindre son esprit, glacer
son imagination et briser ses souvenirs. Ce serait lui
défendre la gloire. Est-ce qu'on pourrait faire pousser
un palmier d'Egypte sur les côtes de la Norwège?
Bâtirait-on le fameux palais de glace des bords de la
Newa sur les rives du Bosphore? Non. Toutes ces
idées sont absurbes, toutes ces chimères sont folles ;
et nous ne serons pas plus citoyens américains que
nous ne pourrions devenir derviches persans.

CHAPITRE SEPTIÈME

L'EMPIRE

I

Quand les ouragans déchaînés soulèvent les flots de la mer et ouvrent l'abîme aux navires, si un coin d'azur apparaît à l'horizon, avec quel transport n'est-il point salué par les matelots et les passagers! Eh bien, au milieu des orages qui fondent sur la France et brisent le vaisseau de l'Etat, le premier regard qui aperçoit ce coin d'azur doit le signaler à ceux qui l'entourent.

Ce devoir ne saurait être un danger.

Nous ne sommes plus à ces temps de hideuse mémoire où la parole était un crime et la pensée un attentat, quand *cette parole* et *cette pensée* n'étaient pas lâchement prosternées devant les satellites de la Terreur. En bonne et sage politique, sous un gouvernement juste et libre, les adversaires ne sont pas plus à craindre que les amis ; car tous désirent le bonheur public, tous sont à la recherche du véritable progrès, tous comprennent que, dans l'intérêt général, il doit être permis à chacun, au milieu des égarements du pays, d'émettre la pensée qui lui semble utile et de montrer le chemin qu'il croit bon.

On peut sans doute se tromper. Il est certainement dans tous les partis de nobles âmes qui prennent parfois leurs sympathies généreuses pour des nécessités futures. N'importe, il faut les écouter : il est peu d'opinions sincères qui n'aient des aperçus utiles. La France actuelle est une vaste tribune où toutes les idées ont le droit de se faire jour ; les bonnes seront accueillies, les mauvaises disparaîtront.

De tout temps, sous les monarchies, on a vanté les républiques : nos livres classiques l'attestent. Louis XIV et Napoléon applaudissaient les vers démocratiques du grand Corneille ; Louis XVI prêtait son appui à la république des États-Unis et contribuait à l'établir. La *République* serait-elle donc moins généreuse et moins tolérante ? Ce ne serait pas une preuve de force. Oserait-on défendre, sous la République, de rendre hommage aux monarchies quand jadis les monarchies laissaient rendre hommage aux républiques ? S'aviserait-on aujourd'hui d'interdire les affections et les préférences, se permettrait-on de proscrire l'espérance et le souvenir? Les sentiments doivent être libres comme la conscience; et, parmi les hommes d'honneur, les royalistes et les impérialistes doivent respecter le républicain, comme les républicains le royaliste et l'impérialiste.

La voix du peuple est plus que jamais la voix de Dieu. Le peuple ayant conquis le *suffrage universel* et devant être consulté en toutes choses, se trouve être en ce moment l'arbitre suprême de ses destinées. Il est appelé à fonder lui-même ses institutions, à se choisir lui-même ses guides.

Il faut donc qu'il prête attentivement l'oreille à toutes les controverses, sans exclusion ni préjugé; qu'il regarde chaque lumière en s'élevant au-dessus de toute intrigue; qu'il décide entre les débats; qu'il se consulte, juge et prononce !

II

Qu'est-ce que l'Empire ?

Suivant les uns, l'Empire, c'est le despotisme à

outrance, c'est la force concentrée dans les mains d'un seul homme investi d'une autorité sans limite, source unique de toute vitalité du pays, producteur de toute prospérité, garant de tout ordre social, à la fois la tête qui commande et la main qui exécute. Dans cette forme de l'Empire, les assemblées délibérantes ne sont admises et reconnues qu'à titre de conseil et non pas de contrôle. L'Empire de 1852, c'est l'Empire ivre d'autorité, payant sa puissance autocratique en beaux deniers de gloire et d'argent; c'est cet Empire qui a fait la France grande et heureuse pendant tant d'années, et dont les splendeurs n'ont jamais étéplus belles que pendant l'exposition de 1867, où chaque train de plaisir débarquait un souverain étranger, en quête de notre alliance et de notre protection. Mais, par exemple, c'est un régime sans cesse condamné à marcher dans la voie du progrès à outrance, du luxe, du bonheur; c'est le forçat du succès. En un mot, c'est l'Empire du soldat, c'est l'Empire de Saint-Arnaud, des ducs de Malakoff et de Magenta; c'est l'Empire des Canrobert.

Suivant les autres, l'Empire, c'est au contraire le gouvernement du pays par lui-même, tel qu'il pourrait l'être sous la première royauté parlementaire venue; c'est la force initiatrice résidant dans l'Assem-

blée Législative; c'est le principe de la décentralisa-
tion appliquée quand même ; c'est le pouvoir arraché
aux préfets, représentants directs de l'Empereur,
pour être confié aux assemblées locales de départe-
ment, d'arrondissement ou de commune; c'est la res-
ponsabilité du gouvernement transportée de la tête qui
porte la couronne sur celle d'un cabinet soumis aux
votes d'une assemblée. L'Empire de 1870, c'est l'Empire
abandonnant ses positions conquises et sa puissance
suprême, payant en libertés illimitées le trône qu'un
plébiscite lui confirme, rendant à la presse et à la tribune le droit de combat et d'assaut contre lui, donnant
au peuple le droit de réunion publique et se livrant
enfin désarmé aux attaques de ses adversaires pour
gagner la permission de joindre à son nom l'épithète
de *libéral*, cette fin que se propose tout régime qui
ne veut pas vivre éternellement par la violence après
avoir été fondé par le consentement populaire ; en un
mot, c'est l'Empire des Buffet, des Emile Ollivier et
presque des Ernest Picard.

De là donc deux sortes d'Empire : *autoritaire* et
libéral.

Eh bien, si les destinées de la France devaient jamais
changer, si l'*Empire* revenait un jour, quel serait cet
Empire ? Serait-ce l'Empire autocrate, mais glorieux ?

Serait-ce l'Empire libéral, mais vaincu ? Quelle date serait inscrite sur son drapeau ? 1852 ou 1870 ?

La réponse est aujourd'hui facile, car elle vient d'être fixée par l'accord unanime de ceux que l'on a appelés les *vieux* et les *jeunes* bonapartistes. Il ne manque plus à cet accord que d'être consacré par la parole du prince qui seul représente l'*idée impériale;* puisse cette parole retentir bientôt !

En attendant, on peut dire que si l'Empire revenait, ce ne serait plus celui de 1852 ni celui de 1870, empires qui ne répondirent point aux résultats attendus; mais ce serait un *nouvel Empire* de nature à combler les doubles et legitimes exigences des *royalistes* et des *républicains :* ce serait, comme on l'a déjà baptisé, l'*Empire progressiste.*

Je m'explique : La véritable cause de la chûte de l'Empire a été qu'au lieu de préparer le pays à l'œuvre de progrès vers la liberté qui devait s'accomplir en 1870, les hommes de 52 ont exagéré le principe autoritaire sur lequel le troisième Empire s'appuyait. Les conseillers de Napoléon III, ayant vu la gloire et la prospérité de la France grandir pendant les premières années de son règne, grâce à l'excessif autoritarisme du système, n'ont pas compris que le gouvernement absolu ne peut être qu'une étape dans l'histoire d'un pays. A certaines heures et pour se relever d'une crise douloureuse, il faut que les nations sachent faire le sacrifice de leurs libertés, comme les individus font le sacrifice d'une partie de leur fortune pour échapper à un désastre complet. Mais ce sacrifice spontané, exigé par les circonstances seules, doit être court, sous peine de donner lieu un jour à des revendications terribles. Et c'est au souverain à qui ce témoignage suprême de confiance a été accordé, qu'il convient de prendre l'initiative du retour vers le gouvernement du pays par lui-même.

L'Empereur, lui, à qui l'on a si souvent reproché ses tendances vers le socialisme pratique, l'Empereur a senti, à la fin de 1869, les aspirations secrètes de la France pour un régime plus conforme à la tradition impériale. Aussi est-ce pour éviter une explosion qu'il redoutait prochaine et sentait légitime, qu'il a accompli l'œuvre du 2 janvier. Certes, sa pensée était grande. Mais le malheur a voulu que, obligé d'agir trop vite, il ait dû donner brusquement au pays des institutions auxquelles celui-ci n'était plus accoutumé, et qu'il n'ait eu pour accomplir cette évolution rapide, du haut en bas de son administration, que des hommes élevés à l'école du despotisme. De telle sorte qu'animé des intentions les plus loyalement libérales, il a trouvé

autour de lui, au lieu de collaborateurs sincères, des
résistances et des intelligences appuyées malheureu-
sement sur des dévouements trop aveugles. L'Empire
n'a pas succombé parce qu'il s'est fait *libéral*, comme
on l'a prétendu ; mais parce que, l'éducation des
hommes et du pays n'étant pas préparée de loin par
les hommes de 52 en vue d'un libéralisme possible, le
nouvel édifice impérial s'est trouvé subitement cons-
truit sur des fondations qui ne lui étaient pas destinées.

C'est là ce que les hommes d'État du troisième
Empire ne comprirent pas suffisamment et, il faut que
la France le sache, c'est là ce que les hommes du qua-
trième Empire comprendront et c'est là ce dont ils
sauront faire leur profit.

Maintenant, m'adressant aux *royalistes* et aux *républicains*, je leur dirai : Royalistes, vous voulez la
transmission héréditaire du pouvoir suprême, pour
assurer la sécurité du pays ; vous voulez que tout progrès social s'accomplisse à l'ombre d'un régime sûr
d'un long avenir, parce qu'en effet tout progrès fait
hâtivement devient dangereux ; vous reconnaissez,
ajouterai-je, que ce principe d'hérédité dans le pouvoir
renferme à lui seul tous les principes de conservation,
c'est-à-dire de propriété, de famille, de respect pour

toutes les grandes idées qui s'appuient à la fois sur la conscience et l'humanité : vous voulez tout cela ; mais ces exigences légitimes, la royauté peut-elle les satisfaire ? Refaites l'histoire des quatre dernières années législatives : votre nombre si considérable au début est bien réduit aujourd'hui. Voyez cette monarchie vingt fois tendue à vos lèvres de Tantale et vingt fois éloignée par crainte de ce grand peuple tout imbu d'idées démocratiques ; en dépit de toutes vos promesses, il redoute toujours, ce peuple-là, le retour à des idées qui ne sont plus de ce temps ; personne ne vous suit, vous êtes isolés ! Alors, que pouvez-vous donc espérer de vos convictions et de vos croyances, pour le salut de la France !

Républicains, dirai-je encore, vous voulez le maintien des grandes conquêtes de la Révolution française, vous voulez l'autorité, le respect de la volonté populaire, pas d'oppressions, pas de priviléges, plus de droits iniques de la naissance et de la faveur ; vous voulez l'amélioration du sort des classes laborieuses, une large part faite aux idées de communauté, enfin, le plus grand respect pour la liberté de conscience : vous voulez tout cela ; mais encore une fois, ces exigences légitimes, la République, elle aussi, peut-elle les satisfaire ? Ah ! dites, dites-moi, l'histoire en main, si les principes républicains, brillants et séduisants dans la théorie, ont jamais répondu dans la pratique aux espérances qu'on avait fondées sur eux? Quand il s'agit de descendre des sommets de l'idéologie dans la politique militante, la forme républicaine, par cela même qu'elle est toujours une porte ouverte au progrès, je le veux bien, ne demeure-t-elle pas en même temps une porte ouverte à tous les périls? La République enfin, politiquement parlant, n'est-ce pas le règne de la foule, et dans cette foule, comme dans toutes les masses populaires, les violents ne renversent-ils pas les modérés? Reconnaissez-le, du moment que la République est toujours modifiable dans son essence, sans quoi elle cesserait d'être la République, ne devient-elle pas une place perpétuellement assiégée et fatalement condamnée à tomber aux mains de ceux qui ont les appétits les plus féroces et les passions les plus ardentes? Vous n'en avez que trop fait, hélas ! la triste expérience. Eh bien, que pouvez-vous donc attendre, vous encore, de votre foi, de votre zèle pour le bonheur du pays !

Examinez au contraire l'Empire, royalistes et républicains ; et, laissant de côté le ressentiment et la haine, sans parti pris, de bonne foi, appréciez la supériorité de cette forme gouvernementale.

Le régime impérial se rapproche du régime monarchique dans tout ce qu'il peut avoir de rassurant pour
les esprits que tourmente la marche des idées modernes. Mais tout en offrant les avantages de la royauté,
il n'est pas, comme elle, une incessante menace de revendication toujours suspendue sur la tête du peuple.
L'Empire, c'est la Monarchie débarrassée de son lourd
et dangereux bagage de traditions, qu'il est interdit à
la royauté d'abandonner sous peine de se condamner
elle-même; c'est, pour tout dire, la réalisation parfaite du rêve monarchique, comme une sorte de suc
de tous ses principes, suc épuré et dépouillé de perfides
alliages, satisfaisant toutes les ambitions et répondant victorieusement à toutes les craintes; l'Empire
enfin, c'est le sommet de l'édifice conservateur, œuvre
à la fois de durée et de sécurité.

Le principe impérial se rapproche aussi du principe
républicain dans tout ce qu'il peut avoir de séduisant
pour les esprits qui veulent voir se perpétuer les
grandes conquêtes de la Révolution. L'Empire et la
République ont une source commune, la voix du peuple. Ils sont nés tous deux au milieu des mêmes tour-
mentes et ont vaincu pour la même Egalité. Comme la
République, l'Empire a étayé son édifice sur le concours de la masse éclairée, il n'a rien négligé pour le

bien-être des classes pauvres, il a donné à l'ouvrier
le droit de résistance contre les exigences excessives
du patron, il a pris l'initiative des lois de coopération
en poussant à la création et au développement des
sociétés de secours mutuels ; autant que cela pouvait
se faire, il a séparé l'Église de l'État. L'Empire, c'est
donc encore la réalisation parfaite du rêve républicain,
l'application pratique d'idées justes, dégagées de tous
les excès et de toutes les menaces que la licence républicaine autorise à redouter, satisfaisant aussi toutes
les ambitions, répondant victorieusement à toutes les
craintes ; l'Empire, c'est bien le sommet de l'édifice de
liberté, œuvre à la fois de progrès et de sécurité.

Voilà l'Empire, et, je crois pouvoir l'affirmer hautement, il ne saurait y en avoir d'autre, il n'y en
aura pas d'autre.

Arrière donc l'Empire d'ennemis irréconciliables et
intéressés, cet Empire qu'ils dressent et font appa-
raître tantôt comme une menace, tantôt comme un
spectre de revendication, nourrissant je ne sais quels
noirs projets de Cayenne ou de Nouméa ; arrière cet
Empire !

Si l'Empire revient jamais, ce ne sera que rappelé,
acclamé par le peuple, dans un imposant plébiscite ;
car, quoi qu'on dise, quoi qu'on fasse, le peuple seul

est compétent pour choisir la forme gouvernementale sous laquelle il veut vivre ! Qui donc en douterait? M. Gambetta, répondant en 1870 au marquis d'Ayguesvives, disait lui-même : « Je crois que le *plé-* « *biscite est une sanction désormais nécessaire* « dans les sociétés qui reposent sur le droit démo- « cratique, pour donner au pouvoir, qu'il soit issu « de la révolution ou d'une acceptation, d'une adhé- « sion solennelle, la *sanction* que les anciennes mo- « narchies trouvaient dans le droit divin. »

Eh bien, le choix du peuple n'étant pas autre chose qu'une conciliation des partis par voie d'arbitrage populaire, le gouvernement, quel qu'il soit, élu dans ces conditions, — et ce serait le cas de l'Empire, — n'a plus à connaître les partis désormais réconciliés, il n'a pas d'injures à punir, il n'a pas de vengeances à exercer; et, loin de repousser des adversaires d'hier qui, tout en poursuivant à travers les agitations politiques la réalisation de leur idéal particulier, n'ont cependant point perdu de vue les nécessités de l'ordre social, il doit, par intérêt autant que par devoir, les accueillir et aller, s'il le faut, au-devant d'eux.

Napoléon Ier, le créateur de l'idée impériale, disait: « Je n'épouse aucun parti que celui de la masse ; ne « cherchez qu'à réunir, je veux gouverner avec tout

« le monde, sans chercher ce que chacun a fait. »

Enfin, comme preuve et consécration des faits et des idées que je viens d'exposer, je rappellerai la parole solennelle dite par le Prince Impérial, le 16 mars 1874, à l'heure où il atteignait sa majorité, parole qui n'a pas été et sera moins que jamais une vaine devise : *Tout pour le peuple et tout par le peuple !*...

Royalistes et Républicains, méditez donc, comparez; et si un jour, après avoir entassé essai sur essai, reçu leçon sur leçon, vous reconnaissiez et constatiez que ni les uns ni les autres n'êtes en état d'offrir au pays les mêmes gages de prospérité que l'Empire, ah ! rendez-vous, inclinez-vous : comme toujours, *la voix du peuple sera la voix de Dieu!*

III

Dieu protège la France ! Ce fut là le cri de nos pères: ce sera encore celui de nous tous.

Loin de nous le découragement et moins encore la peur. Notre pays ne saurait se courber longtemps sous l'infortune ; il ressortira radieux de ses désastres mêmes ; c'est sa coutume, c'est son droit.

Continuons à nous montrer sages. Des motifs, des prétextes d'en vouloir à la France, où seraient-ils ? Nous avons été vaincus, qui le conteste ? N'avons-nous pas accepté notre défaite ? N'avons-nous pas payé notre rançon ? De quoi se plaindrait-on ? Nous travaillons, nous relevons notre agriculture et notre industrie, nous réorganisons nos finances et notre armée ; n'est-ce pas notre droit ? Violons-nous en cela quelque traité ? Mais nous nous préparons à la revanche, à une revanche prochaine ! Où en est la preuve ? Allons donc, ne serait-ce pas de notre part le comble de la folie ? Nous sommes sages et nous resterons sages.

Courage et espoir ! Tout dépouillés que nous sommes nous avons par bonheur conservé ce qu'on n'a pu nous ôter : notre admirable position entre deux mers et au vrai centre de l'Europe, notre forte unité, notre esprit national, le souvenir de cent victoires, gage assuré de victoires nouvelles si elles étaient nécessaires, et ces principes de 89 qui sont encore le fondement de notre droit public. Oui, oui, nous sommes

toujours la *grande nation* et toujours aussi, malgré
nos revers et leurs millions de soldats, les puissances
occidentales redouteront les glorieux vaincus de 1815
et de 1870 !

Courage et espoir, Dieu protège la France !...

TABLE

Imp. et Lith. P. Gallard et Cie, à Lons-le-Saunier.

www.ingramcontent.com/pod-product-compliance
Ingram Content Group UK Ltd.
Pitfield, Milton Keynes, MK11 3LW, UK
UKHW020840120726
13693UKWH00002B/744